아이의
떼
거부
고집을
# 다루다

찹쌀떡가루의 떡육아 프로젝트 훈육편

# 아이의 떼 거부 고집을 다루다

정유진 글·그림

Mr.J

 **프롤로그**

　수년 전 첫째 사랑이가 두어 살이었을 때, 동네 친구가 유명 강사의 육아 강연을 추천했습니다. 한창 떼가 늘기 시작하는 사랑이를 키우는 데 도움이 될까 싶어 그 자리에서 바로 신청을 했었죠. 강연 날, 설레는 마음으로 자리에 앉아 기다리는데 강사가 질문을 던졌어요.
　"여러분, 부모로서 가장 중요한 덕목이 무엇인가요?"
　조용한 좌중을 향해 강사는 짧고 임팩트 있게 말했어요.
　"사랑 그리고 인내입니다."
　강사는 연이어 현실 육아 속에서 엄마들이 힘들어 하는 순간을 쏙쏙 뽑아 육아가 쉽지 않다는 것을 공감해 주었지요.
　"맞아! 아이가 말도 안 되는 걸로 억지 부리며 울면 엄만 너무 힘들죠."
　"그럼요! 씻기는 것부터 옷 입히는 것까지 사사건건 거부하면 진짜 돌아요."
　"어휴, 매일 밤 놀겠다고 늦게까지 안 자고 버티면 당연히 지치죠."
　하지만 그 공감의 언어 뒤에 결론은 모두 하나로 귀결되었어요.
　"그럼에도 불구하고, 아이의 말도 안 되는 이야기를 들어줘야 합니다."
　"그럼에도 불구하고, 씻는 것이든 입는 것이든 싫다는 건 억지로 시키지 말고 설득하며 기다려 주세요."

"그럼에도 불구하고, 위험한 일이 아니라면 밤이든 낮이든 좋아하는 것
을 마음껏 할 수 있게 해 주세요."

맞는 말이에요. 틀린 말은 없어요. 하지만 듣는 내내 마음이 여간 불편한 게 아니었어요. 자식을 키우는 방법이 아닌, 유리를 다루는 법을 배우는 것 같았거든요. 답답하고 어리둥절한 마음에 주위를 둘러보는데 이미 엄마들은 그간 아이의 행동을 인내하지 못했던 자신을 책망하며 휴지로 눈물을 찍고 있었어요. 너무 혼란스러웠어요. 수많은 생각이 머릿속에서 떠나지 않았습니다.

다음날 그 혼란스러움을 같은 아동 발달 전문가인 직장 동료에게 토로했어요. 왜 우리나라에서는 아이가 떼 부려도, 짜증 내도, 지나치게 수줍어해도 다 이해하고 수용하라는 육아 방식이 지배적인지, 왜 아무리 힘들게 해도 이해하고 배려하는 엄마를 '좋은 엄마'로 정의하는지, 왜 훈육을 가르침이 아닌 학대로 생각하는지를요. 동료는 내 이야기를 다 듣고는 툭 한마디를 던졌어요.

"아이에게 화내고 혼내느니 차라리 참는 쪽을 미덕으로 선택하는 거지."

그 대답이 SNS를 통해 훈육 정보를 공유하게 된 이유이자, 이 책을 쓰게 된 가장 큰 동기가 되었어요. 저와 비슷한 고민을 하는 모든 엄마들과 함

께 이 문제를 공유하고 해결해 나가고 싶었거든요.

  화내고 혼내지 않고도 아이를 충분히 변화시킬 수 있는 방법이 있다고, 잘못된 행동을 참는 것은 미덕이 아니라 미련이라고, 잘못된 행동을 변화시키는 것은 생각보다 어렵지 않다고 말이죠.

  이 책을 통해 여러분에게 알리고 싶은 최종 목표는 **아이를 잘 다루는 것**이에요. **다.루.다**의 의미 속에는 아이를 효과적으로 변화시키는 것도 있지만, 아이에게 올바름을 가르쳐야 하는 순간에는 엄마가 건강한 주도권을 가져야 한다는 뜻도 포함되어 있어요. 그리고 그 목표를 위해 실제 상담 현장에서 마스터해 나가는 과정을 각 챕터의 미션으로 정리했어요.

  첫째, 어떤 순간에도 지켜야 하는 세 가지 조건을 통해 훈육 거름망으로 거름으로써 조절과 주도라는 서로 다른 육아의 두 가지 가치를 모두 지켜 낼 거예요.

  둘째, 훈육 거름망을 통해 걸러 낸 사항 중 가장 쉽게 변화시킬 수 있는 행동을 찾아 대장 행동을 정해 볼 거예요.

  셋째, 아이의 조절 수준을 파악해서 훈육이 통할 것인지, 그렇지 않을 지를 판단함으로써 훈육 전략을 짜고, 그 전략을 토대로 아이를 빠르고 안전하게 진정시키는 방법과 여러 변수 속에서도 중요한 가치를 효과적으로 전달하는 실전법을 배우게 될 거예요.

 이는 오랜 시간 동안 상담 현장과 방송 현장에서 많은 사례와 씨름하고 공부하며 만든 과정들이며, 이미 방송을 통해 드라마틱한 효과가 입증된 방법이기도 해요. SNS를 통해 공유한 단편적인 방법만으로도 많은 분들이 놀라운 효과를 보았고, 수많은 육아 채널로 공유를 하며, 감사 인사를 전해 주었어요.

 부디 이 책이 아이가 너무 버거운 엄마에겐 아이를 다뤄 보는 작은 성취를 이룰 수 있는 시작점이 되었으면 해요. 또한 잘못된 육아를 하고 있었다면 이제라도 알게 되어 다행이라고 안도하셨으면 좋겠어요. 그리고 훈육이라면 거부감부터 생기는 엄마에겐 훈육으로 일궈 내는 육아 허니문도 있다는 것을 전할 수 있었으면 좋겠습니다. 아직 육아의 나무만 보이는 초보 엄마들은 나무 너머로 펼쳐지는 육아의 숲을 볼 수 있게 되길 바라며 이 책이 닿는 모든 분들에게 육아에서 기분 좋은 변화와 육아 자신감이 생기길 소망하고 응원합니다.

2019년 봄 앞에서
찹쌀떡가루 정유진

차례

프롤로그 • 4

# CHAPTER 1
### 복잡한 육아 미로를 빠져나오게 하는 나침반
# 훈육 거름망

아이의 저지레, 그대로 둬야 할까? 말려야 할까? • 21
    존중받을 때 아이가 얻게 되는 것: 나아가는 힘 • 22
        첫째, 세상을 믿느냐 vs 못 믿느냐(0~1세)
        둘째, 스스로 해낼 것인가 vs 눈치만 볼 것인가(1~3세)
        셋째, 이끌 것인가 vs 가만 있을 것인가(3~7세)
    훈육할 때 아이가 얻게 되는 것: 조절 능력 • 28
    두 가지 힘을 동시에 키우는 꿀팁 • 31

훈육과 존중의 기준, 훈육 거름망 • 33
    첫째, 안전(위험한가요?)
    둘째, 예의(다른 사람에게 피해를 주나요?)
    셋째, 적응(기관에서 같은 행동을 했을 때 문제가 될 수 있나요?)

훈육 거름망에 육아 고민 녹이기 • 36

## CHAPTER 2
### 무너진 육아 심폐 소생술
# 대장 행동 찾기

**왜 나의 육아는 매일매일 무너지는 것일까?** • 43
　우리 뇌의 정보 도로 • 44
　육아가 버거운 이유 • 49
　아이의 변화가 더딘 이유 • 51

**무너진 육아 심폐 소생술** • 53
　대장 행동 그리고 졸병 행동 • 53
　대장 행동 정하기 • 57

**일상에 대장 행동 + 졸병 행동 녹이기** • 67
　첫째, 훈육 거름망으로 훈육 행동 거르기
　둘째, 대장 행동 찾기

**육아의 방향이 바뀌는 순간** • 70

**CHAPTER 3**
# 아이의 조절 수준과 훈육의 난이도 매치
# 훈육 매칭

**조절이 되는 아이와 안 되는 아이, 어떤 차이가 있을까?** • 77
　조절의 발달 계단 • 78
　닫힌 아이와 열린 아이 감별법 • 88
　훈육 목표 매칭하기: 가르치는 훈육과 진정 훈육 • 94

**일상에 훈육 매칭 녹이기** • 98
　첫째, 훈육 거름망
　둘째, 대장 행동 찾기
　셋째, 훈육 매칭 시키기

**최고의 매치 메이커** • 102

## CHAPTER 4
### 밀 땐 밀고, 당길 땐 당긴다
# 진정 훈육

**막무가내 짜증과 울음, 아이 탓일까? 부모 탓일까?** • 110
    스키너의 조작적 조건 형성: 정적 강화 • 111
    떼쟁이로 가는 길 • 115
        첫째, 동일한 행동, 반복된 보상
        둘째, 떼 부림과 울음의 강도

**아이를 진정시키는 훈육법** • 125
    진정시키는 기본 패턴(원리) • 125
    진정 훈육의 히든카드(준비) • 127
        첫째, 표정
        둘째, 메시지
        셋째, 보상
    스스로 진정하는 경험 쌓기(적용) • 145
    자발적 회복기에 재적용(경과) • 156

**일상에 진정 훈육 녹이기** • 159

**화나고 힘들 때 의젓해지는 아이로** • 163

# CHAPTER 5
## 가르치는 훈육의 조건
# 훈육 캡슐

훈육을 완성시키는 3가지 요인 • 172
    훈육 캡슐(인식, 동기, 저항력) • 173

**case by case ①**
엄마 말을 무시할 때 • 181
    첫째, 엄마를 무시하면서 얻게 되는 것
    둘째, 엑기스 타임
    셋째, 엑기스 타임 없애기
    넷째, 반응 가로막기의 효과
    다섯째, 최종 목표는 부지런한 삶의 태도

**case by case ②**
엄마 말을 무조건 거부할 때 • 191
    첫째, 거부 대장 아얌이
    둘째, 거부의 이유
    셋째, 생활의 질서를 알려 주기 위한 답정너 훈육
    넷째, 그 후에 일어난 변화

**case by case ③**
**자꾸 말대꾸를 할 때** • 200
　　첫째, 엄마를 지치게 하는 말대꾸
　　둘째, 말대꾸의 이유
　　셋째, 말대꾸 대처법(당기기 훈육)
　　넷째, 타협을 배우는 과정

**case by case ④**
**훈육이 필요한데 시간이 촉박할 때** • 209
　　첫째, 어린이집 안 갈 거야!
　　둘째, 버텨서 얻게 되는 것
　　셋째, 선택과 존중의 공존, 양자택일법
　　넷째, 급할수록 돌아가라는 의미

**일상에 가르치는 훈육 녹이기** • 220

**어른의 조건** • 224

**에필로그** • 228

---

**별책 부록**
**아이의 떼 거부 고집을 다루다** 실전 육아 워크북
　　찹쌀떡가루의 떡육아, 이론 및 실제
　　찹쌀떡가루의 떡육아, 내 아이에게 적용해 보기

아이의
떼
거부
고집을
**다루다**

복잡한 육아 미로를
빠져나오게 하는 나침반
# 훈육 거름망

CHAPTER 1

첫 아이 사랑이가 돌이 되었을 즈음, 우리 집은 매일 폭격을 맞은 상태였어요. 사랑이가 집 안 서랍을 모두 열고 서랍 깊숙이 있는 내용물을 꺼내 바닥에 아무렇게나 널어놓는 저지레가 최고조에 올랐거든요. 그런데 그 모습이 너무 귀여운 거예요. 누워만 있던 녀석이 어느새 커서 집 안 구석구석을 뒤지며 세상 구경하는 것 같아 보였거든요. 하지만 이런 사랑이의 모습을 보는 남편의 생각은 달랐어요.

뒷일 생각 안 하고 우선 꺼내고 보는 어마어마한 추진력에 고개를 절레절레 흔들었죠. 그리고 어릴 때부터 정리하는 습관을 잡아 주지 않으면 분명 커서도 문제가 될 것이고, 서랍 속 위험한 물건에 다칠 수도 있다며 정리를 가르치자는 것이었어요.

"저런 건 좀 못하게 해야 해."
"괜찮아, 냅 둬."

상반된 의견은 첨예하게 대립했고 결국 육아 갈등으로 번져 나갔어요. 그리고 어느 순간 내 전공 영역에서 밀리면 안 된다는 쓸데없는 오기가 생겼고, 말도 안 되는 전문 용어를 쏟아 내며 억지 주장을 펼쳐 결국 나의 승리로 끝났죠.

그런데, 뭔가 찝찝했어요. 사랑이의 저지레를 존중하는 게 옳다는 확신으로 남편의 의견을 진압시켜 버렸지만, 남편의 말이 결코 틀린 건 아니었거든요.

❋❋❋

아동상담사로서 출산 전까지 늘 잡고 있던 책이 아동 발달 전공서인지라 육아는 적당히 해볼 만하다고 생각했어요. 아니, 잘할 수 있을 거라는 자신감도 있었죠. 하지만 사랑이를 통해 마주한 현실 육아는 어디로 가야 할지 헤매는 막막한 미로 같았어요.

돌쟁이의 무대뽀식 저지레를 제지해야 할지 존중해 줘야 할지, 버섯과 야채 거부를 식성으로 인정해야 할지 편식이라고 훈육해야 할지, 놀아 달라고 웃으며 다가와 나를 때리면 나쁜 의도가 없었음을 존중해야 할지 그런 행동은 잘못된 거라고 훈육해야 할지, 기저귀를 갈지 않겠다고 울면 기다려 줘야 하는 것인지 억지로라도 갈아입혀야 하는지······. **사소하지만 일상적으로 빈번하게 생기는 고민** 앞에 능숙하게 결정하지 못하고 매 순간 주춤거렸어요.

그런데 이 고민은 나만의 숙제가 아니었어요. 아동상담사로 꽤 영역을 넓혀 온 블로그 등 SNS를 통해 하소연하는 수많은 육아맘의 질문이 내 고민과 일맥상통했거든요.

"우리 아이가 이런 행동을 하는데 그냥 둬도 되나요? 혼내야 되나요?"처럼 대부분의 질문들이 복잡한 육아 미로에서 자신이 가는 방향이 옳은지에 대한 고민이었죠.

**나를 위해서도, 다른 육아맘들을 위해서도 막막한 미로에서 확신 있게 육아 방향을 정할 수 있는 명쾌한 기준이 필요했어요.**

❋ ❋ ❋

적극적으로 답을 찾기 위해 먼저 같은 고민에 빠진 육아맘들에게 화두를 던져 보았어요.

"아이를 훈육해야 할지 존중해야 할지 결정하기 혼란스러운 행동은?"

이 물음에 무려 500개가 넘는 답이 돌아왔어요. 더욱 혼란스러웠죠. 이렇게 수많은 행동 하나하나의 답을 어떻게 찾을 것인가. 아동 발달에 기초한 바람직한 육아 방법을 알아보기 시작했어요. 그 결과 존중의 중요성을 정리한 **에릭 에릭슨**(Erik H. Erikson)의 **심리 사회 발달 이론**과 훈육의 중요성을 알게 하는 **조절 이론**을 토대로, 아이의 발달 저울 한쪽에는 존중, 한쪽에는 훈육을 올려놓고 **무엇이! 왜! 아이에게 더 중요한지** 들여다보았죠. 두 이론에 따르면 존중과 훈육은 같은 시기에 동시에 길러 줘야 하는 중요한 덕목이에요. 존중은 아이가 세상을 따뜻하게 바라보고 자신 있게 살아갈 신뢰와 자율성, 주도성을 키워 주고, 훈육은 아이가 자신의 욕구를 조절하면서 사회에 적응할 수 있는 힘을 길러 주기 때문이에요.

"어떤 때 존중하고 어떤 때 훈육을 해야 하는가?"

수많은 육아맘의 질문과 전문가의 주장, 발달 저울질 등 여러 가지 요소를 종합한 결과, 이 질문에 대해 얻은 해답으로 **훈육 거름망**이라는 이름을 끌어냈어요.

훈육 거름망은 3가지 조건을 통해 아이의 문제 행동을 존중해야 할지 훈육해야 할지 걸러 주는 체크 도구예요. **아이의 욕구와 행동을 존중해야 하는 이유를 잠시 유보하고 안전과 예의, 적응 등 꼭 지켜야 하는 가치들을 대입시켜 훈육해야 할 행동을 가려내는 것이죠.** 훈육 거름망이 육아맘의 고민을 완전히 해결해 주지는 못할 거예요. 하지만 복잡한 육아 미로 속에서 꽤 든든한 나침반이 되어 조금 더 확신 있게 훈육을 하고, 조금 더 여유 있게 아이를 존중할 수 있는 힘을 만들어 주리라 믿어요.

❋❋❋

본격적인 이야기를 시작하기에 앞서 블로그에서 인기 만점 캐릭터로 활동하는 찹쌀떡가루 떡육아 프로젝트의 떡벤져스를 소개할게요. 왼쪽부터 시계 방향으로 절편이, 송편이, 가래떡이, 인절미, 꿀떡이, 찹쌀떡이예요. 육아 정보를 쉽게 전달해 주는 귀여운 아가 조교들이죠.

첫번째 챕터에서는 딸 사랑이를 표현한 찹쌀떡이를 통해 아이들을 존중 또는 훈육해야 하는 이유를 제대로 짚어 보고, 아이의 행동에서 훈육해야 할 행동을 훈육 거름망으로 걸러 내는 일까지 일사천리로 제시해 보려고 합니다.

## 아이의 저지레, 그대로 둬야 할까? 말려야 할까?

갈수록 심해지는 사랑이의 저지레!
눈에 보이는 물건은 물론,
장롱이나 서랍 안의 물건까지 모두 꺼내
온 집 안에 펼쳐 놓아요.

"존중해야 한다, 훈육해야 한다."
과연 누가 옳을까요?
존중할 때와 훈육할 때 사랑이에게 미치는
영향을 알아볼까요?

## 존중받을 때 아이가 얻게 되는 것
## 나아가는 힘

### 첫째, 세상을 믿느냐 vs 못 믿느냐 (0~1세)

여기는 아가가 처음 와 본 새로운 세상.
이곳에 있는 자신이 누구인지
스스로도 잘 몰라요.

엇! 그런데
누군가 따뜻하게 말을 걸어요.

아가는 그저 울기만 했는데
누군가 배고픈 것을 알고
졸린 것을 알고
심심한 것을 귀신같이 알지요.

시간과 함께 겹겹이 쌓여 가는 이 따뜻함에
아가는 자신의 존재를 알아가기 시작하죠.

그리고 늘 곁에 있는 엄마가
어떤 존재인지도 알아갑니다.

더불어 엄마 너머의
아직 만나지 않은 세상을 기대하게 되지요.

이것이 바로 태어나서 1년간
엄마의 사랑과 존중 속에서 아이가 얻게 될
첫번째 미래 에너지
**신뢰**예요.

## 둘째, 스스로 해낼 것인가 vs 눈치만 볼 것인가(1~3세)

돌을 전후로 아가는
슬슬 걸음마를 떼기 시작해요.
걷게 되니 손발이 자유로워지고
재미있는 세상이 눈에 더 많이 들어오지요.

엄마는 늘 곁에 있을 거라는 믿음이 생기니
이젠 엄마로부터 멀어져도 무섭지 않아요.
아가는 빨래를 개고 있는 엄마를 두고
홀로 집 안 구경을 떠나죠.

그러다가
자신도 모르게 식탁에 올라가
당황하기도 하고요,

때로는
의도치 않게 노다지를 찾아
맘껏 저지레를 하기도 해요.

그렇게 우연히 마주한 일들을 경험하며
아가는 누구에게도 종속되지 않는
자신만의 힘을 오롯이 느껴요.

이것이 바로 엄마의 사랑과 존중이
1~3세 아이에게 주는 두 번째 미래 에너지
**자율성**이에요.

### 셋째, 이끌 것인가 vs 가만 있을 것인가(3~7세)

3살이 되고 나니 아이는 조금 더 똑똑해져요.
무조건 저지르고 보던 2살 때와는 다르게
**의도**와 **목적**을 갖기 시작하지요.

그 의도와 목적대로
생각하는 것을
눈에 볼 수 있게 꺼내기 시작하고

자신의 세계에
다른 사람을 초대하기 시작해요.

이러한 아이의 이끎에
동참하고 응원하면

그 경험들이 차곡차곡 쌓여
점점 강한 추진력을 만들어 내요.

이것이 바로 엄마의 사랑과 존중이
3~7세 아이에게 주는 세 번째 미래 에너지
**주도성**이에요.

이 세 가지 에너지
**신뢰, 자율성, 그리고 주도성**은
내가 아이의 저지레조차 존중하면서
장난감을 던진 아이의 마음을 위로하면서
남편의 의견을 진압하면서까지
기어이 얻어 내고 지켜 내려 했던 것들입니다.

> **에릭 에릭슨(Erik H. Erikson, 1902~1994)**
> 독일 출신의 미국 정신분석학자로 하버드대 교수를 지냈다. 당시 대세론이던 '어린 시절'에만 '부모에 의해서' 자아가 발달한다는 프로이트의 주장과 달리 '전 생애'에 거쳐 '부모 이외의 사회적 환경과도 상호작용' 하며 '스스로' 자아를 발달시킨다는 보다 진취적인 주장을 하였다.

## 훈육할 때 아이가 얻게 되는 것
## 조절 능력

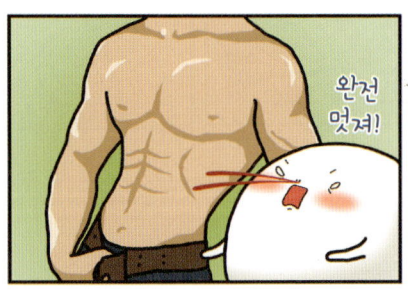

멋진 머슬맨이 있어요.
물론 처음부터 이렇게
근육이 많았던 건 아니에요.

몸에 무게를 얹고,
또 얹고 얹으며

힘의 한계를 꾸준히
극복해 나가는 과정을 거쳐
멋진 근육이 만들어진 거예요.

아이의 조절 능력에도 근육이 있어요.

처음에는 그 조절 근육에 힘이 없어 쉽게 무너지지만

조금씩 규칙과 원칙이라는 무게를 견디고

또 견디고

견뎌 나가면서 더 중요한 것을 위해
원하는 것을 묵직하게 멈추는 힘을 키워요.

아이는 이렇게 차곡차곡 키워 온
조절 근육으로 갈등을 피하고

자신에게 가장 유리한 선택을 하면서
순조롭게 적응해 나갈 수 있어요.

이것이 바로 사랑이의 저지레를 제한하며
남편이 키워 주고 싶어 했던
**조절 능력**이에요.

# 두 가지 힘을
# 동시에 키우는 꿀팁

아이 스스로 자신 있게 앞으로 나아가도록 하는 힘은
**신뢰, 자율성, 주도성**이에요.
이 힘을 잘 기를 수 있도록 충분한 사랑을 주고
아이의 생각과 행동을 존중해 줘야 해요.

아이가 보다 발전적인 삶을 살아갈 수 있도록 하는 힘은
**조절 능력**이에요. 이 힘을 기르기 위해
아이가 하고 싶은 것을 멈출 수 있게 하고
해야 하는 것에 집중시키는 훈육이 필요해요.
중요한 것은 두 가지 모두 어릴 때 꼭 형성되어야 한다는 거예요.

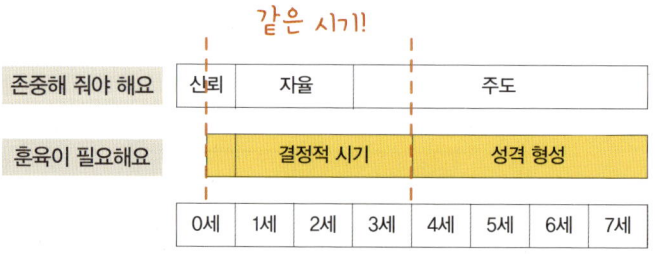

이 두 가치는 동시에 발달해요.
때문에 우리는 하루에도 수십 번씩
소소한 선택의 순간마다 길을 잃을 수밖에 없어요.

이제 여기에서 필요한 것은
단, 한 가지예요.

훈육할 것과

존중할 것을 나누는

### 기준!

그 기준을 우리의 육아 라이프에
필수 옵션으로 장착하는 것이죠.

## 훈육과 존중의 기준, 훈육 거름망

훈육할 행동인가에 대한 기준은 전문가마다 조금씩 차이를 보이지만 전문가의 주장을 모아 그 교집합을 찾아내면 반드시 걸리는 세 가지 가치가 있어요.

### 첫째, 안전(위험한가요?)

아이는 어떤 순간에도 안전해야 해요. 더불어 엄마가 잠깐 관리하지 못하는 사이에도 스스로 안전을 지켜 낼 수 있어야 하지요. 이것은 어떤 가치와도 타협할 수 없는 거예요. 가장 먼저 물어보세요. 지금 내 아이의 행동이 "위험한가요?"라고 말이죠.

### 둘째, 예의(다른 사람에게 피해를 주나요?)

아이는 인생길을 혼자 걷는 것이 아니라 많은 사람과 더불어서 움직이게 될 거예요. 그런데 누군가를 불편하게 한다면, 그 행동이 잘못된 행동임을 모르고 산다면 그 피해는 아이에게 고스란히 되돌아올 수 있어요. 그런 의미에서 두 번째로 물어봐야 하는 질문은 "다른 사람에게 피해를 주나요?"예요.

### 셋째, 적응(기관에서 같은 행동을 했을 때 문제가 될 수 있나요?)

아이가 엄마나 아빠에게 보여 주는 행동을 아이가 다니는 어린이집이나 유치원 친구들과 선생님 앞에서 한다고 가정해 보세요. 그리고 그 행동이 과연 선생님이 아이를 가정에서 신경 써 달라고 언급할 만한 이슈인지 판단해 보세요. 내 품 안에서는 아이의 행동을 객관적으로 보기 힘들지만, 아이가 다니는 '기관'이라는 프레임을 씌워 또래 친구들과 비교해서 보면 보다 객관적으로 바라볼 수 있어요. 선생님이 신경 써 달라고 한다는 것은 또래에 비해 부족한 부분이 있거나 적응하는 데 어려움을 보이는 행동일 가능성이 높아요.

이 세 가지는 어떤 상황에서든 적용되어야 해요. 아이가 즐겁게 무언가에 몰입하는 것을 중단시키더라도, 설령 막아서는 엄마를 원망한다 하더라도 반드시 지켜 내야 하는 중요한 가치이기 때문이죠.

# 훈육 거름망에
# 육아 고민 녹이기

다음은 마음에 들지 않는 절편이의 행동에 애들은 원래 이런 건지, 아니면 신경 써서 개선시켜야 하는 건지 혼란스러워 하던 절편이 엄마의 고민을 가져왔어요. 훈육 거름망에 넣어 적용해 볼게요.

**절편이 (남, 4세)**
- 식사 중에 음식을 손으로 만진다.
- 달걀을 안 먹는다.
- 어른에게 인사를 시켜도 쭈뼛거리며 안 한다.
- 조금만 마음에 들지 않아도 하루 종일 징징거린다.
- 길에서 엄마 손을 잡지 않고 혼자 냅다 뛰곤 한다.

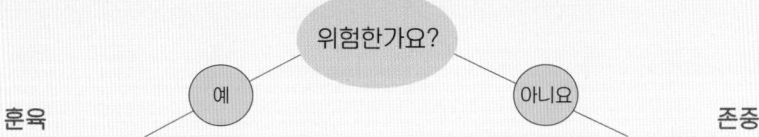

**위험한가요?**

**예 → 훈육**
- 길에서 엄마 손을 잡지 않고 혼자 냅다 뛰곤 한다.
  (놀이터같이 안전한 공간이면 문제가 되지 않지만 찻길 근처나 사람들이 많은 곳은 사고 위험이 있어요.)

**아니요 → 존중**
- 식사 중에 음식을 손으로 만진다.
- 달걀을 안 먹는다.
- 어른에게 인사를 시켜도 쭈뼛거리며 안 한다.
- 조금만 마음에 들지 않아도 하루 종일 징징거린다.

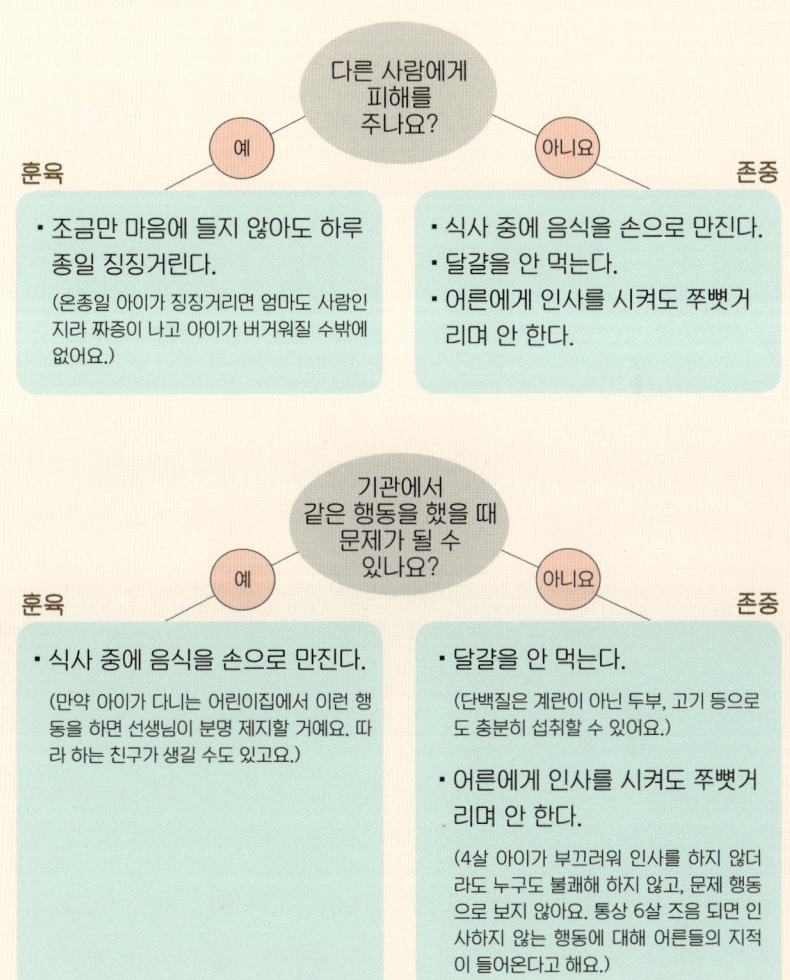

훈육 거름망을 통해 절편이의 행동 중 길에서 엄마 손을 잡지 않고 혼자 뛰어다니는 것, 조금만 마음에 들지 않아도 하루 종일 징징거리는 것, 식사 중에 음식을 손으로 먹는 것은 신경 써 줘야 하는 행동으로 걸러졌음을 알 수 있어요.

아이의
떼
거부
고집을
**다루다**

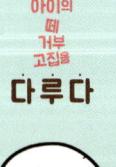

무너진 육아 심폐 소생술
# 대장 행동 찾기

CHAPTER 2

대기업을 다니며 행복하게 살던 서른여섯의 한 남자가 있었어요. 어느 날, 그의 아버지가 갑자기 돌아가셨어요. 얼마 안 돼 남자는 자신의 아버지가 운영하던 이자카야 프랜차이즈가 파산 직전에 있었고, 400억에 육박하는 빚을 남겼다는 것을 알게 되었죠. 하루에 1,050만 원씩 꼬박꼬박 갚아도 115세에 빚을 청산하게 되는 어마어마한 금액이었어요. 생각할 겨를도 없이 직원들은 아버지가 했던 중요한 결제를 그에게 맡겼고, 사장님이라고 부르기 시작했어요. 적자 기업을 정리하는 멘토도 없고, 요식업계 경영 노하우뿐 아니라 경영 경험도 전무한 그는 준비 없이 맞닥뜨린 지옥 같은 현실 앞에서 하루에도 몇 번씩 모든 걸 포기하고 싶었어요. 이 이야기는《어느 날 400억 원의 빚을 진 남자》의 저자이자 그 절망 앞에 서 있던 유자와 쓰요시의 이야기예요. 우연히 책을 집어 들었다가 덩달아 우울해질 만큼 절망적이고 막막한 이야기였죠.

※※※

상담실에서 매우 지친 인절미 엄마를 만났어요. 이제 6살된 인절미만 보면 화가 나서 말 한마디 곱게 나가지 않는다고 했어요. 무엇 때문에 화가 나는지 물어보니, "그냥 모두 다요."라고 대답했죠. 1에서 10까지, A부터 Z까지 모두 다.

아침에 징징거리며 일어나 유치원 갈 준비도 안 하고 뭉그적거리는 것부터 밥 먹을 때 반찬을 손으로 집어먹는 것, 소변보고 물 안 내리는 것,

가르쳐 준대로 하지 않고 글씨를 엉망으로 쓰는 것까지 식습관, 생활 습관, 학습 태도 하나하나 모두 거슬린다고 했어요.

하루 종일 아이에게 잔소리하게 되고, 개선이 안 되니 화나고, 아이는 아이대로 기죽어 눈치 보고……. 아무래도 망한 육아 같다며 자조했어요. 엄마와 아이, 모두 안쓰럽게 느껴졌던 절망적이고 막막한 상황이었죠.

※ ※ ※

하루아침에 400억의 빚을 진 남자.

어느 날 문득 자신의 육아가 크게 잘못된 것 같은 회의감에 쌓인 엄마.

다른 스케일이고 다른 영역이지만, '무엇을 어디서부터 어떻게 해결해야 할지 모를 막막함'이라는 공통된 키워드를 가지고 있어 소개했어요.

결론부터 이야기하자면, 두 이야기는 모두 해피엔딩으로 끝났어요. 남자는 400억 빚을 갚아 냈고, 인절미는 유치원 선생님까지 궁금해 할 정도로 식습관, 생활 습관, 학습 태도에서 눈에 띄는 변화가 있었어요. 인절미 엄마는 솟구치는 육아 자신감을 감당하지 못해 평생 교육원 아동학 관련 과정을 알아보게 됐죠.

※ ※ ※

중요한 것은 여기서부터예요.

사업과 육아라는 서로 다른 두 영역에서 느껴지는 비슷한 좌절을 놀랍게도 똑같은 방식으로 극복해 냈다는 것이죠. 그것도 아주 성공적으로 말이에요. 과연 어떤 방식일까요?

지금부터 그 방식을 이해하기 위해, 육아가 왜 무너지는지, 엄마는 왜 시도 때도 없이 욱하는지, 아이는 왜 천 번을 잔소리해도 전혀 변화가 없는지의 이유를 과학적으로 분석하고, 절망에 빠진 인절미 엄마가 무너진 육아를 심폐 소생시킬 수 있었던 방법을 **아트킨슨&쉬프린**(Atkinson & Shiffrin)의 **다중저장모델 이론**을 토대로 설명할 거예요.

이를 통해, 한꺼번에 여러 규칙을 수용하지 못하는 다중저장모델의 뇌 특성에 맞춰 아이의 문제 행동 중 가장 고치기 쉬운 대장 행동을 정하고, 이를 우선적으로 해결해 나가는 방식으로 아이를 변화시키는 성공적인 육아의 길을 안내하고자 해요.

---

**아트킨슨(Atkinson, 1929~) & 쉬프린(Shiffrin, 1942~)**
미국 출신의 두 인지심리학자는 기억을 정보가 잠시 머무르는 장소로 간주하였다. 그 장소에 정보가 얼마나 오래 머무를 수 있는지를 기준으로 감각, 단기, 장기 기억으로 이루어진 3단 기억 모형을 연구하였다.

# 왜 나의 육아는 매일매일 무너지는 것일까?

인절미는 아무 때나 징징거리고, 급할 때 뭉그적대고, 반찬을 손으로 집어먹고, 글씨를 엉망으로 쓰곤 해요. 엄마의 잔소리도 소용없어요. 왜 그럴까요? 과연 인절미의 행동을 고칠 수 있을까요?

## 우리 뇌의 정보 도로

먼 곳에 있는 고향 집에 가요.
산도 보고, 강도 보며 고속도로를
쌩쌩 달리다가

갑자기 정체가 심해졌어요.

길이 합쳐지면서
병목 현상이 일어난 것이죠.

답답하고 힘들고 짜증이 나요.
쌩쌩 달리는 반대편 차선을 보니
돌아가고 싶다는 생각도 들고요.

그렇게 오랜 시간 서행하다가
아주 힘들게 목적지에 도착해요.

이는 주말이나 명절 때 흔하게 겪는
고속도로 정체에 대한 이야기지만
실은 우리가 다양한 정보를 습득하는 과정과
아주 비슷해요.

우리 뇌에도 고속도로가 있어요.
정보 고속도로죠.

정보가 눈, 코, 입, 피부 등의
감각을 통해 들어오면

의미 있는 정보들은 단기 기억 창고를 지나
장기 기억 창고로 향해요.

그런데 여기서 꼭 기억해야 할
중요한 포인트가 있어요.

바로 정보의 병목 현상이죠.
우리의 뇌도 아주 많은 정보가
다양한 루트로 들어오면

목적지인 장기 기억 창고에
도착하기 전에 피로해져요.

결국 짜증이 나고, 쉽게 지쳐 버릴 거예요.

왜 나의 육아는
늘 이렇게 빡빡하고 버거운지
혹시 그 이유가 보이나요?

아이에게 나의 훈육은
스트레스가 될 뿐
왜 내가 의도한 변화는
끌어오지 못하는지
그 이유가 보이나요?

지금부터 우리의 육아 현실을 정보 도로에 넣어
차근차근 통찰해 보는 시간을 가져 볼게요.

# 육아가 버거운 이유

의욕에 넘쳐
아이를 변화시키려고 노력하는
엄마들의 목표 하나하나가
바로 정보예요.

정보가 단순하거나 적을 땐
뇌의 정보 도로도 여유롭죠.

거기에 살림 정보들이 들어오고

빨리 처리해야 하는
다른 정보들도 계속 들어와요.

이전의 정보를 소화하기도 전에
새로운 정보들이 계속 밀려와 쌓이면
점점 감당하기 힘들어지죠.

결국 버거움을 느끼기 시작하고,
쉽게 분노하거나 짜증을
낼 수밖에 없어집니다.

## 아이의 변화가 더딘 이유

아이의 입장을 볼까요?
아이는 아직 머릿속 정보 도로가 좁아요.
정보 하나하나가 순차적으로
차례차례 지나갈 수밖에 없죠.

그런데 하나의 약속을
능숙하게 지킬 만큼
숙달되기도 전에
엄마의 조급함으로
여러 가지 규칙을 계속 얹으면

좁은 정보 도로는
규칙들로 꽉 막혀 버립니다.

그때부터 아이는 무엇부터 어떻게
해야 할지 우왕좌왕하겠죠.

결국 스스로 변화를 포기할 수 있어요.

엄마의 정보 도로는
어떤 to do list로 쌓여 있나요?
아이의 정보 도로 또한
어떤 to do list로 쌓여 있나요?

혹시 그 to do list가
버거울 만큼 높이 쌓여 있지는 않나요?

# 무너진 육아 심폐 소생술

## 대장 행동 그리고 졸병 행동

앞서 이야기한
하루아침에 400억 빚을 지게 된
남자는 도산 직전의 매장들을
둘러보고 다시 한번 절망합니다.

모두 성공시킬 수 없다는 판단이 들자
남자는 33개의 점포 중
자신이 관리하기 가장 쉬운 점포를
타깃 매장으로 선정했죠.

그리고 리모델링 비용과 메뉴 개발 비용, 매니저 등 한정된 자원을
그 지점에 몰아서 성공 사례를 만들어 냈어요.

물론 그동안 다른 점포들은
잠시 내버려 뒀지요.
일명 **일점 돌파** 전략이었어요.

그 전략은 적중해서
전년 대비 영업 이익이
두 배 이상으로 뛰었어요.

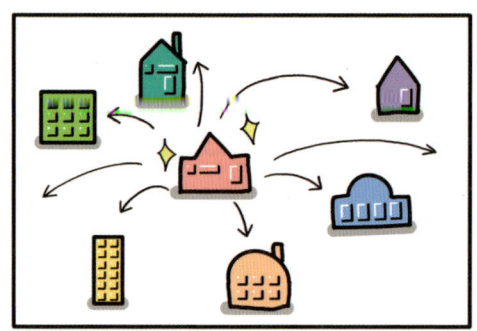

그렇게 한 지점을 성공시킨 후, 그 성공 노하우를
다른 매장과 서서히 공유해 나갔어요.
일명 **전면 전개** 전략이었죠.

그렇게 남자는
도산 직전의 회사를 심폐 소생시켜 냈어요.

어설프게 이것저것 다 잘하려고 미적거리기보다는
가장 유리한 결과를 가져올 보장된 도전을 선택하고,
최고의 결과를 가져올 수 있도록 집중함으로써
한정된 자원에서 최대의 성과를 끌어낼 수 있었던 것이죠.

현실 육아가 버거운 순간에도
이 전략을 그대로 적용할 수 있어요.

머릿속을 가득 채운 수많은 육아 숙제에 대한
부담감을 잠시 내려놓고

아이를 가장 쉽게 변화시킬 수 있는 행동 하나만 선택해
집중 공략함으로써 변화를 이끌어 내는 것이죠.

이렇게 선택한 행동을 앞으로 부르기 쉽게
**대장 행동**이라고 할게요.
이는 **당장** 신경 써야 하는 육아 목표가 될 거예요.

훈육 거름망에 들어가는 나머지 다른 행동은
**졸병 행동**이라고 부를게요.

졸병 행동도 신경을 써야 하지만
한꺼번에 변화시켜야 한다는 압박감부터 내려놓으세요.
졸병 행동들은 **언젠가** 변화시키면 되는 목표니까요.

# 대장 행동 정하기

상담실에 찾아온 인절미 엄마의 고민 중 대장 행동을 찾아볼까요?

**인절미의 문제 행동**
- 엄마에게 하루 종일 징징대며 이야기한다.
- 캐릭터 옷만 입으려고 한다.
- 음식을 손으로 만진다.
- 엄마의 컨디션이 좋지 않아도 자꾸 놀아 달라고 한다.
- 글씨가 너무 엉망진창이다.
- 친구 장난감을 뺏고, 혼날 때까지 돌려주지 않는다.
- 소변을 보고 물을 내리지 않는다.
- 집에 오면 옷, 양말, 가방 등을 벗어서 사방에 던져 놓는다.

## 첫째, 훈육 거름망으로 거르기 (훈육이 필요 없는 행동 지우기)

- 엄마에게 하루 종일 징징대며 이야기한다.
- ~~캐릭터 옷만 입으려고 한다.~~ — 위생에 문제만 없다면 캐릭터 옷만 입는 것이 위험하지도, 다른 사람에 피해를 주지도 않아요.
- 음식을 손으로 만진다.
- 엄마의 컨디션이 좋지 않아도 자꾸 놀아 달라고 한다.
- ~~글씨가 너무 엉망진창이다.~~ — 6세가 글씨를 못 쓴다고 유치원 적응에 어려움을 겪을 가능성은 없어요.
- 친구 장난감을 쉽게 뺏고, 혼날 때까지 돌려주지 않는다
- ~~소변을 보고 물을 내리지 않는다.~~ — 위험하지 않아요. 연령상 소변을 보고 물을 내리지 않는다고 문제 행동으로 볼 가능성은 적어요. 다른 사람에게 피해를 주는가가 문제인데 가정 내에서 누구든 불편을 호소하는 사람이 있다면 서서히 가르쳐 주세요. 인절미의 경우는 어머니께서 "불편하지는 않은데, 내 성격상 약간 거슬려요."라고 말씀하셔서 제외했어요.
- 집에 오면 옷, 양말, 가방 등을 다 벗어서 사방에 던져 놓는다.

## 둘째, 우선순위 정하기

대장 행동을 찾는데 있어 우선순위를 정하기 위해서
쿠퍼(Cooper), 헤론(Heron), 헤워드(Heward)의
표적 행동 순위 평가의 척도를 참고해 세 가지 조건을 뽑아 보았어요.
그 조건은 엄마와 함께 있을 때 일어나는 일, 집에서 일어나는 일,
자주 일어나는 일이에요.

### ① 엄마와 함께 있을 때 일어나는 일

아이의 행동을 변화시킬 수 있는
열쇠는 엄마가 가지고 있어요.

그런데 문제 행동이 엄마가 도움을 줄 수 없는
어린이집이나 유치원에서 일어난다면

엄마가 할 수 있는 것은 뒷수습밖에 없어요.

대장 행동

그래서 변화의 가장 첫 시작은
아이를 변화시킬 수 있는 열쇠를 가진
엄마와 함께 있는 순간이어야 해요.
함께 있는 순간에 문제 행동이 일어나면
엄마가 즉시 개입할 수 있고,
상황을 정확하게 판단할 수 있으며,
일관적인 개입으로 훈육의 효과를 높일 수 있거든요.

엄마와 함께 있을 때 일어나는 상황을 'with 엄마'로 표시해요.

- 엄마에게 하루 종일 징징대며 이야기한다. (with 엄마)
- 캐릭터 옷만 입으려고 한다.
- 음식을 손으로 만진다. (with 엄마)
- 엄마의 컨디션이 좋지 않아도 자꾸 놀아 달라고 한다. (with 엄마)
- 글씨가 너무 엉망진창이다.
- 친구 장난감을 쉽게 뺏고, 혼날 때까지 돌려주지 않는다.
- 소변을 보고 물을 내리지 않는다.
- 집에 오면 옷, 양말, 가방 등을 벗어서 사방에 던져 놓는다. (with 엄마)

## ② 집에서 일어나는 일

아이에게 올바른 가치를 가르쳐 줄 때,
아이가 한번에 "네"라고 대답하고 따르는
해피엔딩 스토리를 상상하기 쉽지만

현실에서는 절대 쉽게 나오지 않아요.

아이는 못 들은 척할 수도 있고

더 짜증을 낼 수도 있으며,

보란 듯이 하지 말라는 것을
더할 수도 있어요.

이럴 때, 아이와 밖에서
기싸움을 하거나
훈육하는 상황이 벌어지면

다양한 요인에 휘둘려 훈육 효과가
쉽게 떨어질 수밖에 없어요.

그래서 어디서든 아이를 유연하게 다룰 힘이 생기기 전까지는
통제된 공간에서 주로 나타나는 행동을
대장 행동으로 선정해야 해요.

다른 사람의 시선에 휘둘리지 않고 아이의 저항에도 흔들리지 않으며
중요한 가치를 묵직하게 지켜 낼 수 있는 곳,
바로 집에서 말이죠.

집에서 일어나는 일을 'at home'으로 표시해요.

- 엄마에게 하루 종일 징징대며 이야기한다. (with 엄마) (at home)
- 캐릭터 옷만 입으려고 한다.
- 음식을 손으로 만진다. (with 엄마) (at home)
- 엄마의 컨디션이 좋지 않아도 자꾸 놀아 달라고 한다. (with 엄마) (at home)
- 글씨가 너무 엉망진창이다.
- 친구 장난감을 쉽게 뺏고, 혼날 때까지 돌려주지 않는다.
- 소변을 보고 물을 내리지 않는다.
- 집에 오면 옷, 양말, 가방 등을 벗어서 사방에 던져 놓는다. (with 엄마) (at home)

하지만 무엇부터 해야 하는지 아직 선명하게 보이지는 않죠?
마지막 조건이 하나 더 있어요.

### ③ 자주 일어나는 일

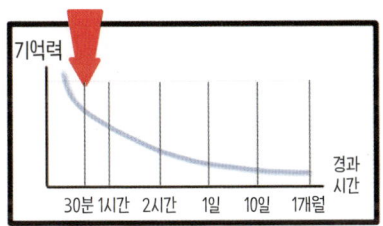

이 그래프는
에빙하우스의 망각 곡선이에요.

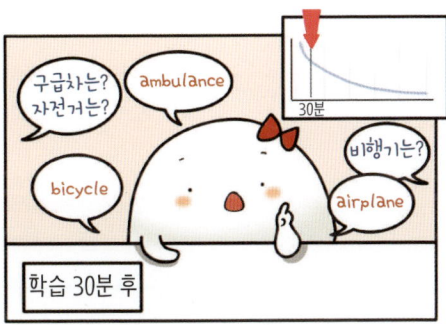

학습한 지 얼마 되지 않았을 때는
기억하고 있는 양이 많지만

아무 복습 없이 그대로 두면

서서히 학습한 내용을 잊는다는
망각에 관한 그래프죠.

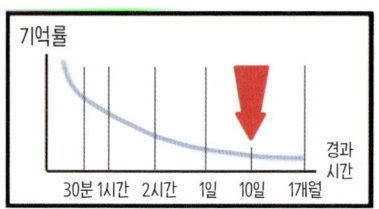

그래서 우리가 배운 내용을 오래오래
기억하기 위해서는 주기적인 복습이 필요해요.

이 망각 곡선은 아이에게 올바른 행동을
가르쳐 주는 상황에서도 그대로 적용돼요.

자주 일어나지 않는 일은
올바른 행동을 반복할 기회를 갖지 못해
쉽게 잊거나 의식하지 않게 되는 반면,

자주 일어나서 엄마를 힘들게 하는 행동은
되려 올바른 행동을 가르치고 적용할 기회를
여러 번 반복적으로 얻기 때문에
가르치는 방법만 올바르다면
아이의 변화를 훨씬 빨리 이끌어 낼 수 있어요.

엄마와, 집에서 일어나는 일 중에서 자주 일어나는 **순서대로 순위**를 정해요.

- 엄마에게 하루 종일 징징대며 이야기한다. (with 엄마) (at home) ①
- 캐릭터 옷만 입으려고 한다.
- 음식을 손으로 만진다. (with 엄마) (at home) ②
- 엄마의 컨디션이 좋지 않아도 자꾸 놀아 달라고 한다. (with 엄마) (at home) ④
- 글씨가 너무 엉망진창이다.
- 친구 장난감을 쉽게 뺏고, 혼날 때까지 돌려주지 않는다.
- 소변을 보고 물을 내리지 않는다.
- 집에 오면 옷, 양말, 가방 등을 벗어서 사방에 던져 놓는다. (with 엄마) (at home) ③

이제 무엇에 집중해야 할지 선명하게 보이나요?

### 인절미 엄마가 집중해야 할 인절미의
### 대장 행동은

1. 엄마에게 하루 종일 징징대며 이야기한다.

### 졸병 행동은

2. 음식을 손으로 만진다.
3. 집에 오면 옷, 양말, 가방 등을 벗어서 사방에 던져 놓는다.
4. 엄마의 컨디션이 좋지 않아도 자꾸 놀아 달라고 한다.

대장 행동을 찾고 우선순위를 정하면 먼저 집중해야 할 목표가 뚜렷해져요.
어디서부터 뭘 해야 할지 우왕좌왕하던 상황에서
우선순위를 정하는 과정만으로도 당장 신경 써야 하는 것과
나중에 신경 써도 되는 것이 명확하게 보인답니다.

# 일상에 대장 행동
# +졸병 행동 녹이기

아래는 사랑이 6살 때 있었던 육아 고민이에요.
훈육 거름망과 우선순위를 고려하여 **대장 행동을 찾아볼까요?**

**사랑이의 문제 행동**
- 하루 종일 놀다가 자기 직전 유치원 숙제를 한다.
- 한글 맞춤법을 자주 틀린다.
- 식사할 때 흘리면서 먹는다.
- 하원 후, 옷과 가방을 아무 데나 던져 놓는다.
- 매일 읽는 10여 권의 책을 널어놓는다.
- 동요를 방구, 똥이 들어가는 가사로 바꿔 부른다.

## 첫째, 훈육 거름망으로 훈육 행동 거르기

위험한가요?

예          아니요

훈육          존중

- 하루 종일 놀다가 자기 직전 유치원 숙제를 한다.
- 한글 맞춤법을 자주 틀린다.
- 식사할 때 흘리면서 먹는다.
- 하원 후, 옷과 가방을 아무 데나 던져 놓는다.
- 매일 읽는 10여 권의 책을 널어놓는다.
- 동요를 방구, 똥이 들어가는 가사로 바꿔 부른다.

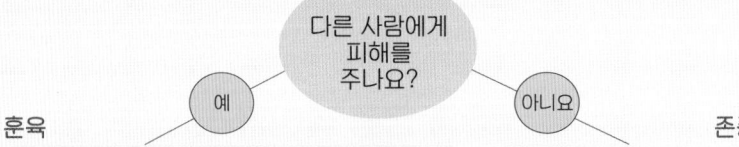

**훈육**
- 하루 종일 놀다가 자기 직전 유치원 숙제를 한다.
  (밤 늦게 숙제하는 습관 때문에 온 가족의 취침 시간이 늦어졌어요.)
- 하원 후, 옷과 가방을 아무 데나 던져 놓는다.
- 매일 읽는 10여 권의 책을 널어놓는다.
  (사랑이를 따라다니며 사랑이가 어지른 옷과, 가방, 책들을 매일 정리하는 것이 힘들었죠. 엄마인 나에게 피해를 주는 행동이라고 판단했어요. 더불어 유치원에서도 같은 행동이 나타난다면 적응의 문제가 될 수 있다고 생각했어요.)

**존중**
- 한글 맞춤법을 자주 틀린다.
- 식사할 때 흘리면서 먹는다.
- 동요를 방구, 똥이 들어가는 가사로 바꿔 부른다.

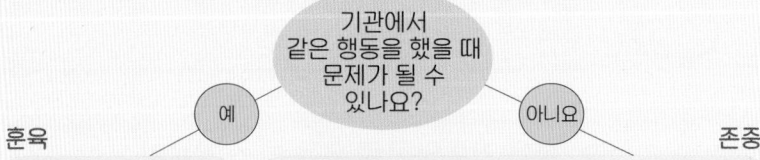

**훈육**
- 식사할 때 흘리면서 먹는다.
  (친구들이 식사 중에 "선생님 나는 깨끗하게 먹는데 사랑이는 흘리면서 먹어요."라고 했다고 해요. 또래들의 피드백이 들어와요.)

**존중**
- 한글 맞춤법을 자주 틀린다.
  (6세 아이가 맞춤법을 틀리는 것은 안전, 예의, 적응 어디에도 걸리지 않아요. 이 시기에는 정확도보다 흥미가 더 중요하다고 판단해서 존중했어요.)
- 동요를 방구, 똥이 들어가는 가사로 바꿔 부른다.
  (사랑이 친구들이 합창하며 서로 즐겁게 깔깔 웃는 걸 보며 6세 아이들의 문화라고 판단해서 존중했어요.)

훈육 거름망을 통해 하루 종일 놀다가 자기 직전에 숙제하는 것, 식사할 때 흘리면서 먹는 것, 하원 후에 가방과 옷을 아무데나 던져 놓는 것, 책을 읽고 나서 바닥에 널어놓는 것은 신경 써 줘야 하는 행동이고, 나머지는 존중해 줘야 하는 행동임을 알게 되었어요.

## 둘째, 대장 행동 찾기

| 고민 | 엄마와 | 집에서 | 자주 일어나는 순서 | |
|---|---|---|---|---|
| 하루 종일 놀다가 자기 직전 숙제를 한다. | O | O | 숙제는 있을 때도 있고 없을 때도 있음. | ④ |
| 식사할 때 흘리면서 먹는다. | O | O | 점심은 학교에서 먹으니 1일 2회. | ② |
| 하원 후, 가방과 옷을 아무 데나 던져 놓는다. | O | O | 학교 다녀온 후이므로 1일 1회. | ③ |
| 매일 읽는 10여 권의 책을 널어놓는다. | O | O | 읽은 권 수만큼이며 평균 1일 10회 정도임. | ① |

**대장 행동**
1. 매일 읽는 10여 권의 책을 널어놓는다.

**졸병 행동**
2. 식사할 때 흘리면서 먹는다.
3. 하원 후, 가방과 옷을 아무 데나 던져 놓는다.
4. 하루 종일 놀다가 자기 직전 숙제를 한다.

## 육아의 방향이 바뀌는 순간

하루아침에 400억 빚을 지게 되었던 남자의 성공 사례를 보며 가장 좋았던 것은 마이너스를 향해 달리고 있던 인생의 흐름이 플러스 쪽으로 처음 바뀌는 순간이었어요. 어마어마한 빚을 청산하고 탄탄한 중견기업으로 성장한 전체적인 성공 스토리보다 무너진 점포들 가운데 선택한 작은 점포 하나가 수익을 내기 시작하면서 절망 속에서 희망이 된 그 순간이 훨씬 흥미진진하고 감동적이었죠.

※※※

상담을 하면서도 가장 짜릿한 순간은 고민했던 모든 것들이 해결되어 즐겁게 종결될 때가 아니에요. 유치원 선생님으로부터 상담과 치료를 권유받고 주변 엄마들의 원성을 사고, 아이는 눈치 보고, 엄마는 무력해진…… 마이너스를 향해 가던 육아가 대장 행동을 앞세운 일점 돌파 전략으로 플러스를 향해 흐름이 바뀌는 순간이죠. 바로 그 순간이 정말 심장 저리게 짜릿해요. 오랫동안 정체되어 있던 불편한 공기가 처음으로 바람을 타고 신선하게 바뀌어 나가는 것 같은 기분이거든요.

❋❋❋

    망한 육아라고 절망하던 인절미 엄마도 대장 행동을 찾아 흐름을 바꾼 뒤 신명 나는 육아의 길로 들어서게 되었죠.

    이제, 버겁게 느껴지는 육아 고민이 있다면 대장 행동을 찾고 마이너스로 향하던 방향을 플러스로 바꿔 보세요. 육아가 완성되는 기쁨보다 변화의 포인트에서 느껴지는 짜릿함을 먼저 느끼게 될 거예요.

아이의
떼
거부
고집을
**다루다**

아이의 조절 수준과
훈육의 난이도 매치
# 훈육 매칭

CHAPTER 3

중학교 시절, 수학이 너무 싫었어요. 엄마는 명문대 다니는 오빠를 과외 선생님으로 모셔왔어요. 오빠는 성실하게 준비해서 최선을 다해 가르쳤지만 슬프게도 내 실력은 그에 부응하지 못했어요. 설명이 어려워 도무지 이해를 할 수가 없었거든요.

나름대로 한다고 했지만 다음 시험 결과는 참담했어요. 결국 과외를 그만두고 당분간 혼자 공부하기로 결정했죠. 물론 혼자 공부한다고 수학이 쉬워지는 건 아니었어요. 그렇게 한참을 헤매다 중요한 것 하나를 인정하기로 했어요. 내 수학 실력은 제 학년이 아니라는 것을요. 그 길로 서점에 가서 한 학년씩 내려가며 수학 문제집을 들춰 보았어요. 그리고 한 학년 밑의 수학 참고서를 사 와 차근차근 풀어 나갔어요. 문제를 꽤 풀만 했어요. 풀다 보니 재미도 생겼지요. 계획보다 훨씬 오랜 시간을 집중해서 공부할 수 있었어요.

그때 생각했어요. 수학이 그토록 싫었던 건, 수학 자체의 문제가 아닐 수도 있다는 것을요. 내 실력과 난이도가 잘못 매칭되어 잡음이 난 것은 아닐까 하고요.

※ ※ ※

상담을 하다 보면 육아 이론이 잘 먹히지 않는다는 엄마들의 하소연을 자주 들어요. 알고 있던 이론대로 아이의 마음을 알아주고, 안 되는 이유를 조근조근 설명해 주었는데 아이는 오히려 더 크게 울었다고요. 또 때

부릴 땐 무시하라고 해서 모른 척했는데 아이는 원망 가득한 표정으로 잘 때도 돌아누워 잤다며 혼란스러워 하기도 했지요.

도대체 왜 이런 예측할 수 없는 일이 일어나는 걸까요? 여기에는 아주 재미있는 포인트가 있어요.

**아이마다 조절 수준이 다르다는 것,**

**엄마마다 아이에게 요구하는 훈육의 난이도가 다르다는 것,**

**그리고 아이의 조절 수준과 훈육의 난이도가 맞지 않는다는 것.**

즉 훈육법이 문제가 아니라 처음부터 잘못된 **매칭의 문제**였던 것이죠.

아이를 상황에 따라 그저 생각나는 대로 다룰 것이 아니라, 아이의 조절 수준에 맞추어 훈육의 난이도를 생각해 보고 잘 이끌어 가는 탁월한 육아 매칭이 필요했던 거예요.

❋ ❋ ❋

얼마 전 키즈 카페에 갔어요. 차 한 잔 하며 아이들 노는 것을 한참 보고 있는데, 옆 테이블 엄마들이 카페 이용 시간이 다 되었다며 자리를 정리하며 일어났어요. 짐을 챙기고, 계산을 하고, 아이들을 부르는데 이때부터 참 흥미로운 광경이 눈에 들어왔어요. 모두 3명의 엄마가 아이의 형제까지 총 4명의 아이를 챙기는데, 아이들마다 반응이 각각이었어요.

"이제 집에 가야 해. 이리 와 옷 입어."

이 말에 어떤 아이는 "벌써?"라며 얼굴에 아쉬운 표정을 가득 담고 순순히 옷을 입었고, 어떤 아이는 더 놀 거라며 징징거리다가 엄마의 거듭된 설득에 신발을 신었어요.

문제는 마지막 아이였어요. 이 아이는 엄마가 뭐라고 한 것도 아닌데 엄마 얼굴을 보자마자 "싫어!"를 외쳤어요. 시작부터 너무 세게 나오니 엄마는 당황할 수밖에요. 도망가는 아이를 잡으니 아이는 절규했죠. 그 뒤는 안 봐도 뻔할 거예요. 울음 범벅이 된 아이는 엄마의 어깨에 짐짝처럼 걸쳐져 오열하며 사라졌어요.

이런 일은 일상에서 비일비재해요. 똑같은 상황에서, 똑같은 규칙을 내밀어도 어떤 아이는 순순히 규칙을 따르고, 어떤 아이는 타협을 하려고 하며, 또 어떤 아이는 끝까지 저항하거든요. 장난감 가게 앞에서도 그럴 것이고, 게임의 승패 앞에서도 그럴 것이며, 간식 앞에서도 그럴 거예요.

✽ ✽ ✽

이제 우리 아이는 왜 같은 상황에서도 다른 아이와 달리 떼를 부리고, 고집을 부리는지 그 이유를 자세히 알아볼 거예요.

닫힌 아이, 열린 아이라는 조절 감별법을 통해 아이의 조절 능력을 정확하게 파악하는 방법을 배울 것이고, 내 아이의 조절 수준에 딱 맞는 맞춤형 훈육 목표를 세워 볼 거예요. 이 과정은 우리 아이의 조절 능력을 정확하게 이해하는 시간이 될 것이고, 유명한 육아법이 아닌 **내 아이에게 맞는 육아법**을 찾아가는 유능한 육아 매치 메이커가 되는 시간이 될 거예요.

지금부터 시작될 이야기 속에 우리 아이의 모습을 차근히 적용해 보길 바라요.

## 조절이 되는 아이와 안 되는 아이, 어떤 차이가 있을까?

같은 상황에서 아이들은 왜 각각 다른 행동을 보일까요?
미국의 신경과학자인 폴맥클린(Paul D. MacLean)의
뇌의 3층 구조론을 통해 그 답을 찾아볼까요?

### 폴맥클린(Paul D. MacLean, 1913~2007)
미국의 신경과학자이자 내과 의사.
예일의대와 정신건강연구소에서 일하며 인간의 뇌는 간뇌, 변연계, 피질의 세 가지 영역으로 이루어져 있다는 삼위일체론을 제안하였다.

## 조절의 발달 계단

원하는 것과
지켜야 하는 것 사이에
충돌이 일어났을 때

지켜야 하는 것을 위해
원하는 것을 잠시 내려놓을 수 있는 힘을
**조절**이라고 했어요.

그런데 이렇게 조절하는 모습은
아이들마다 달라요.

어떤 아이는 말 한마디에도
상황 파악을 하고 욕구를 조절해요.

또 어떤 아이는
거부도 하고, 짜증도 내지만
거듭된 설득에 수긍하기도 하고

때론 울며불며
원하는 것을 끝까지
사수하는 아이도 있어요.

이렇게 같은 상황에서 다른 반응을 보이는 아이들을
이해하기 위해서는 우리의 뇌를 자세히 알아봐야 해요.

우리가 당황을 하거나
화가 났던 때를 떠올려 보세요.

얼굴은 달아오르고
말이 논리적으로 나오지 않고,
심장은 쿵쾅쿵쾅 뛰고
생각은 일그러져 정리가 되지 않는
그런 상태 말이에요.

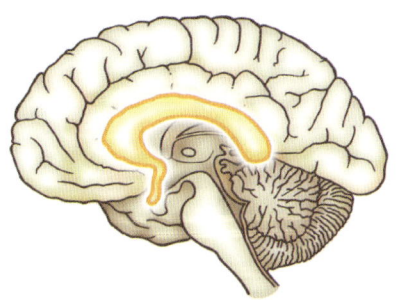

이때, 뇌는 **감정의 뇌**라고 불리우는 영역인
변연계가 활성화돼요.

감정이라는 녀석들이
머릿속을 가득 차지해서

그 감정 속에 매몰돼 버리는 것이죠.

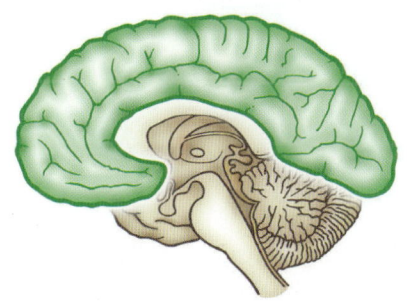

하지만 시끄러운 상황이 아주 오래 가진 못해요.
**생각하는 뇌**인 피질이 움직이기 시작하거든요.

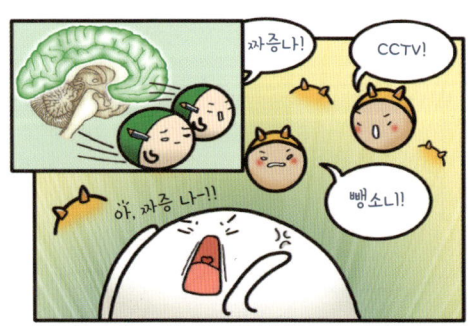

감정으로 시끌시끌한 변연계에
생각하는 뇌인 피질이 이성을
긴급 투입시키고,

이성은
감정을 다독이며

**자신에게 조금 더 유리한 선택을**
할 수 있도록 조금씩 이끌어 줘요.

여기서 중요한 것은 기분이 나쁜 상황에서 모든 사람이
감정의 뇌를 다독이며 이성적으로 움직이지는 않는다는 거예요.

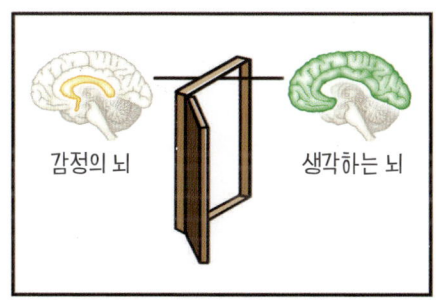

쉬운 이해를 위해 감정의 뇌와 생각하는 뇌 사이에
문이 있다고 가정해 볼게요.

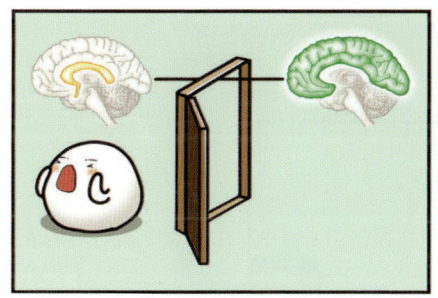 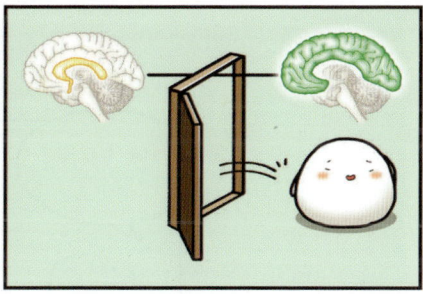

기분이 나쁜 순간
감정의 뇌(변연계) 활성화로
감정적인 상태가 될 수 있지만,

스스로 감정 조절을 잘할 수 있는 사람은
생각하는 뇌(피질)를 활성화시키면서
날뛰는 감정을 진정시키고

'왜 이런 일이 일어났고
어떻게 해결하면 될지'를
생각하고 판단해요.

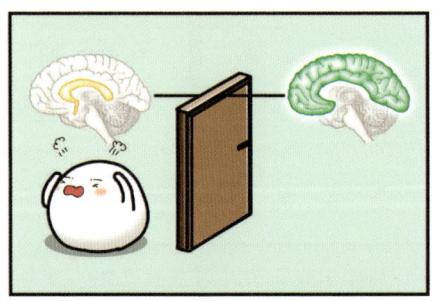

하지만 감정 조절이 잘 되지 않는 사람은
문이 닫혀 있다고 생각하면 돼요.
생각하는 뇌가 활성화되지 않고
'화나고 짜증난다'는 자기 감정에 갇혀 버리거든요.

아이의 행동을 이 구조에 넣어서 이해하면
훨씬 더 정확히 볼 수 있어요.

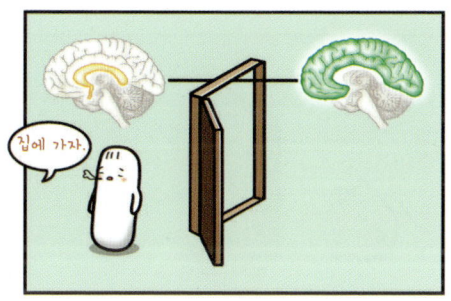

가래떡이는 키즈 카페에서 신나게 놀다가
집에 가야 한다는 제한에
순간적으로 감정적인 상태가 될 수 있지만

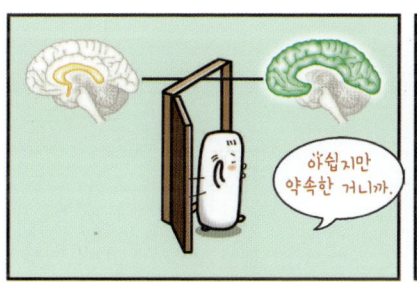 

스스로 감정을 빨리 추스르고   왜 약속을 지켜야 하는지
**사고**하고 **순응**할 수 있는 아이예요.

제 역할을 톡톡히 하는 생각하는 뇌(피질) 덕에
문제가 생겼을 때 '그럼 어떻게 하면 되지?'라고
건강하게 사고할 수 있죠.

꿀떡이 역시 더 놀고 싶은 욕구를
쉽게 내려놓지 못해 약속을 지켜야 한다는
사실에 불편한 감정을 느끼지만

엄마의 위로와 설득으로  　　　약속을 지켜 낼 수 있는 아이예요.
자신의 감정을 추스르고

가래떡이보다는 스스로 낼 수 있는
생각하는 뇌의 힘이 아직은 약하지만
엄마의 도움이 있다면 조금 더 힘을 내어 조절할 수 있죠.

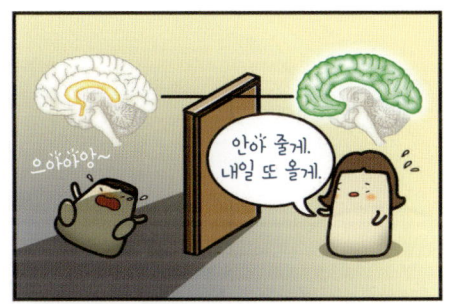

하지만 인절미의 경우는 조금 달라요.
기분이 나쁜 순간, 감정의 뇌가 지나치게 활성화되어
자기 감정에 매몰되어 버리죠.

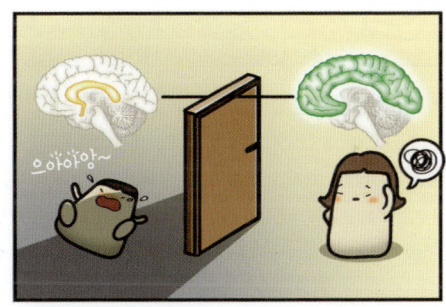

인절미는 어떤 위로와 설득에도 요지부동이에요.
엄마의 설득을 듣고, 상황을 읽고, 스스로 진정하게 하는
생각하는 뇌(피질)가 힘을 쓰지 못하고
감정의 뇌(변연계)에 밀리고 있거든요.

합리적인 사고가 안 되다 보니,
나중에는 원하는 것을 줘도 냅다 던져 버리고 소리치거나
아주 사소한 것으로도 죽을 것같이 우는 모습을 보일 거예요.

## 닫힌 아이와 열린 아이 감별법

여러분의 아이들은
감정의 뇌와 생각하는 뇌 중 어느 쪽이 우세한가요?

이론적으로는 이해가 잘 되어도
막상 내 아이에게 적용하려고 하면
상황마다 다른 모습을 보이니 조금 애매할 거예요.

그럼 조금 더 쉬운 설명을 위해
용어부터 통칭할게요.

만약 아이가 원하는 것을 원칙상 못하게 했을 때,

대화가 안 될 정도로 떼를 부리고 울며 감정의 뇌에 곧바로 매몰되어 버리는 아이를 **닫힌 아이**라고 하고

조금이라도 이성이 감정을 다룰 힘을 가진 아이를 **열린 아이**라고 할게요.

**닫힌 아이**는 흥분하는 순간 마이 웨이 상태로 진입해요. 전혀 소통이 되지 않고, 어떤 설득도 먹히지 않아요.

반면, **열린 아이**는 흥분하거나
짜증이 나 있는 상태에서도 소통이 가능하고,
엄마의 설득을 자신의 욕구와 저울질하는 것도 가능해요.

**닫힌 아이**는 생각하는 뇌가
아직 공사 중에 있어서
감정의 뇌 힘이 우세할 수밖에 없는
36개월 이전의 아이에게 주로 보이고,

**열린 아이**는 생각하는 뇌의
기초 공사가 마무리되어
감정의 뇌를 다룰 힘이 생긴
36개월 이후의 아이에게서 주로 나타나요.

그럼에도 불구하고
아이의 조절 수준을 판단하기 조심스럽다면
아이가 떼를 쓰거나 불편해 하는 순간 두 가지 테스트를 해 보세요.

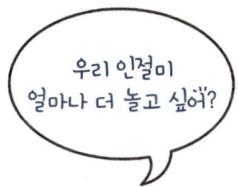

첫 번째, **공감으로 소통이 가능한지** 알아보는 테스트예요.
아이가 원하는 것을 질문해 주세요.

인절미가 친구랑 더 놀겠다고 조르고 있다면
"인절미야, 친구랑 더 놀고 싶어?"라고 묻는 것이죠.
이때, 아이가 원하는 것을 정확하게 파악하고 질문해야
소통 가능성이 높아져요.

두 번째, 울며 떼쓰는 아이에게
"이리 와 봐."처럼 **아주 간단한 지시를 하는 테스트**예요.
엄마의 지시를 따르려면 매몰되어 있던
감정의 세계에서 빠져나와야 가능하거든요.

두 가지 테스트를 했을 때,

엄마가 아무리 마음을 알아주며 지시해도
아이가 자기가 원하는 것만 고집한다면
그 아이는 **닫힌 아이**예요.

마치 콘서트장에서 수천 명의 팬들이 흥분해서
떼창을 하며 무대로 밀고 들어갈 때,
경호원 서너 명이 질서를 지키라고 소리쳐도 그대로 묻혀 버리듯
감정의 뇌가 뿜어내는 정보의 양이 생각하는 뇌가
컨트롤하는 정보의 양보다 훨씬 많아서
엄마가 전하는 이성적인 메시지가 아이에게 전달되지 못하는 거예요.

**질문에 반응 OK**

**지시에 반응 OK**

반면, 질문에 반응하고 그로 인해 소통하고
엄마의 지시에 따른다면
그 아이는 **열린 아이**예요.

감정의 뇌가 보내는 정보를 생각하는 뇌가
아직은 통제하고 있다는 것이니까요.

여러분의 아이는
감정의 뇌가 우세한 **닫힌 아이**인가요?
생각하는 뇌가 우세한 **열린 아이**인가요?

# 훈육 목표 매칭하기
## 가르치는 훈육과 진정 훈육

종이에 불이 붙었어요.

얼른 뛰어가서 불을 끄기 위해 입김으로 후후 불었지요.
하지만 아무 변화도 없어요. 과소 대응이에요.

이번에는 같은 상황에서 소방차가 출동해요.
불길이야 쉽게 잡히겠지만 인력 낭비, 자원 낭비예요.
과잉 대응이죠.

아이를 다루는 방식 역시 마찬가지예요.
충분히 설득되고 조금만 도움을 주면
얼마든지 건강한 선택을 할 수 있는 **열린 아이**를
힘으로 단박에 진압시켜 버린다면
아이는 힘에 밀려 쉽게 위축될 거예요.
과잉 대응이죠.

반면, 자기 감정에 매몰되어 다른 사람의 말은 들리지 않고
주변의 상황도 보이지 않는 **닫힌 아이**를
부드럽게 말로만 설득한다면, 전혀 효과를 보지 못할 거예요.
과소 대응이죠.

그래서 **닫힌 아이**에 대한 대응과
**열린 아이**에 대한 대응이 다를 수밖에 없어요.

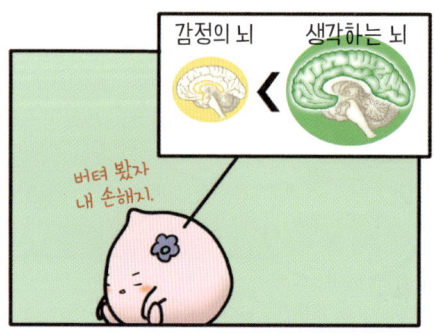

**열린 아이**는 생각하는 뇌(피질)가 힘이 있기 때문에
불편한 상황에서도 생각하고 판단하는 것이 가능해요.
상대방이 어떤 기분인지, 지금 어떤 상황인지
약속이 무엇인지, 지키지 않았을 때 패널티가 무엇인지
그래서 나에게 가장 큰 득을 가져올 수 있는 선택은 무엇인지
배우고 흡수할 수 있어요.

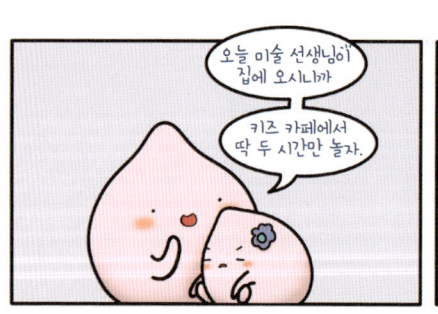

그러므로 열린 아이는 원칙을
**가르치는 훈육**에 집중하면 돼요.

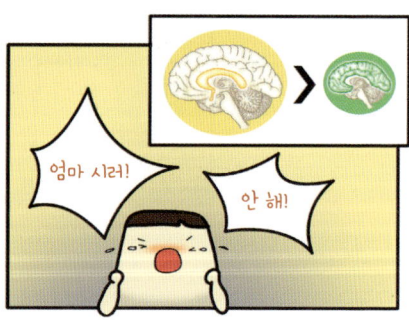

하지만 **닫힌 아이**는 상황이 달라요.

이미 자기감정에 압도되어 있기 때문에
엄마의 가르침은 물론 위로와 공감도 잘 들어오지 않아요.
열린 아이 다루듯 조근조근 말로 상황을 이해시키고
지켜야 하는 원칙을 가르친다면
크게 효과가 없는 과소 대응이 되어 버릴 거예요.

그래서 **닫힌 아이**는
'식사 전에는 과자를 먹을 수 없다.'라던가
'약속 시간 외에는 스마트폰은 볼 수 없다.'라는 **가르침**보다
'원하는 것을 얻기 위해서는 울지 않고 부탁을 해야 한다.'라는
**진정 훈육**을 통해
자신의 감정을 다스리는 훈련이 선행되어야 해요.


여러분의 아이에게 지금 필요한 훈육 목표는 무엇인가요?
가르치는 것인가요?
아니면 스스로 진정하는 것인가요?

## 일상에 훈육 매칭 녹이기

18개월 된 꿀떡이 엄마가 털어놓은 일상의 소소한 고민들이에요.
훈육 거름망, 대장 행동 찾기, 훈육 매칭을 통해 꿀떡이에게
무엇을 어떻게 가르쳐야 할지 알아볼 수 있어요.

### 첫째, 훈육 거름망

먼저, 훈육 거름망을 통해 18개월 꿀떡이가 개선해야 할 행동을 걸러요.

**꿀떡이 (18개월)**
- 자기가 하려던 것을 엄마가 하면 바로 뒤집어져서 운다.
- 밥을 심하게 흘리면서 먹는다.
- 기분 좋으면 소리를 심하게 지른다.
- 문화센터에서 친구들 얼굴을 꼬집는다.
- 엄마가 퇴근해서 집에 와도 할머니, 할아버지한테만 가고, 잘 때나 아플 때만 엄마를 먼저 찾는다.

**위험한가요?**

**예 → 훈육**
- 문화센터에서 친구들 얼굴을 꼬집는다.
  (친구가 다칠 수 있는 상황이에요.)

**아니요 → 존중**
- 자기가 하려던 것을 엄마가 하면 바로 뒤집어져서 운다.
- 밥을 심하게 흘리면서 먹는다.
- 기분 좋으면 소리를 심하게 지른다.
- 엄마가 퇴근해서 집에 와도 할머니, 할아버지한테만 가고, 잘 때나 아플 때만 엄마를 먼저 찾는다.

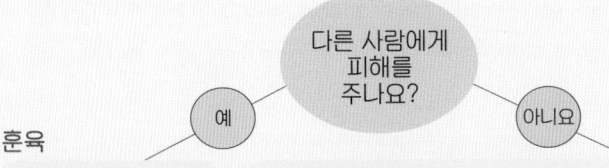

훈육 ── 예 / 아니요 ── 존중

**[예]**
- 문화센터에서 친구들 얼굴을 꼬집는다.
  (당연히 친구에게 피해를 주는 행동이죠!)

**[아니요]**
- 자기가 하려던 것을 엄마가 하면 바로 뒤집어져서 운다.
- 밥을 심하게 흘리면서 먹는다.
- 기분 좋으면 소리를 심하게 지른다.
- 엄마가 퇴근해서 집에 와도 할머니, 할아버지한테만 가고, 잘 때나 아플 때만 엄마를 먼저 찾는다.

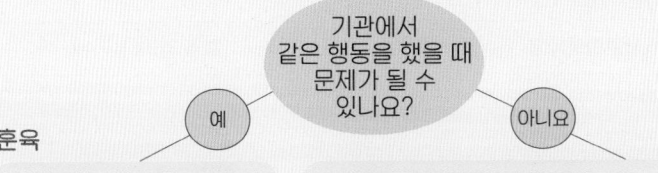

훈육 ── 예 / 아니요 ── 존중

**[예]**
- 문화센터에서 친구들 얼굴을 꼬집는다.
  (원에서 이런 행동을 하면 선생님에게서 바로 연락 와요.)
- 자기가 하려던 것을 엄마가 하면 바로 뒤집어져서 운다.
  (이런 행동을 원에서 친구들이나 선생님 앞에서 하면 친구들과 트러블이 잦거나 선생님이 아이를 지도하는 데 어려움이 생길 수 있어요.)

**[아니요]**
- 밥을 심하게 흘리면서 먹는다.
  (18개월이면 아직 능숙하게 먹는 것이 힘들어요. 아이가 통제하기 힘든 국, 밥, 물 등은 엄마가 도와주고 포크나 수저로 쉽게 먹을 수 있는 음식은 아이가 직접 먹을 기회를 주세요.)
- 기분 좋으면 소리를 심하게 지른다.
  (공공장소라면 다른 사람들에게 피해를 줄 수 있으니 가벼운 제한을 둘 필요는 있지만 기타 다른 개인적인 공간이라면 아이의 기분 좋은 감정 표현이니 훈육할 필요는 없어요.)
- 엄마가 퇴근해서 집에 와도 할머니, 할아버지한테만 가고, 잘 때나 아플 때만 엄마를 먼저 찾는다.
  (주 양육자가 할머니, 할아버지인걸요. '엄마가 싫어!'가 아닌 '할머니, 할아버지가 더 좋아!'이니 훈육까지 갈 필요는 없어요.)

이 과정을 통해 꿀떡이는 **친구들의 얼굴을 꼬집는 것, 자기가 하려던 것을 엄마가 하면 바로 뒤집어져서 우는 것**이 개선이 필요한 행동으로 걸러졌어요.

## 둘째, 대장 행동 찾기

두 번째로 훈육 거름망을 통해 걸러진 두 가지 행동 중 아래 표를 완성하여 대장 행동을 찾아요.

| 고민 | 엄마와 | 집에서 | 자주 일어나는 순서 |
|---|---|---|---|
| 문화센터에서 친구들 얼굴을 꼬집는다. | O | | |
| [대장]-자기가 하려던 것을 엄마가 하면 바로 뒤집어져서 운다. | O | O | ① |

그 결과 둘 다 엄마와 함께 있을 때 일어나는 일이지만, 자기가 하려던 것을 엄마가 했을 때 바로 뒤집어져 우는 것이 **집에서** 일어난 일이라 문화센터에서 친구 얼굴 꼬집는 것보다 우선순위가 높아져 **대장 행동**으로 결정되었어요.

## 셋째, 훈육 매칭 시키기

세 번째로 꿀떡이에게 **진정 훈육**을 해야 할지 **가르치는 훈육**을 해야 할지 결정해야 해요. 대장 행동을 적고 그 행동을 제한해 보고 닫힌 아이인지, 열린 아이인지 알아보세요. 그러면 진정이 필요한 아이인지, 가르침이 필요한 아이인지 알 수 있어요.

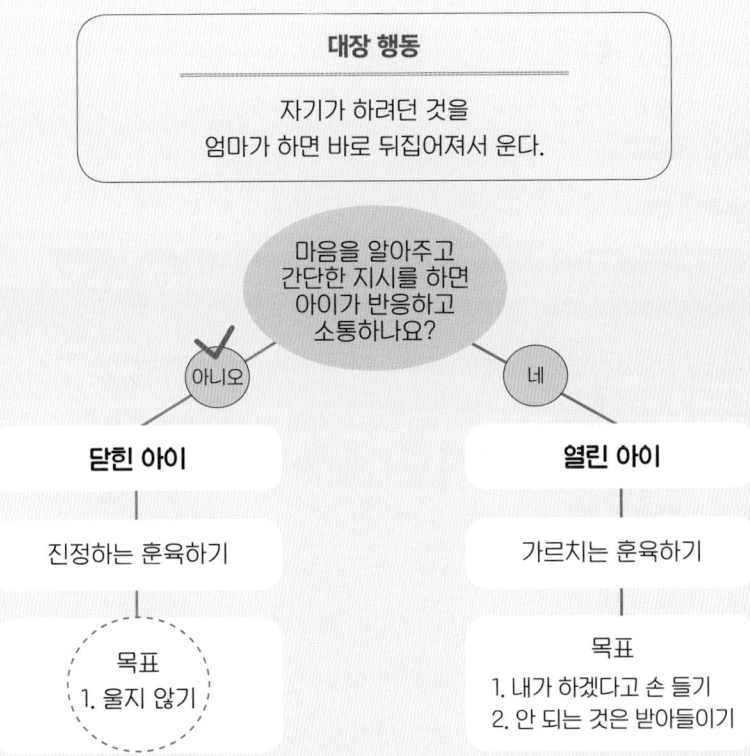

꿀떡이는 소통이 되지 않는 **닫힌 아이**이기 때문에 원칙을 가르치기 이전에 스스로 진정하는 훈육이 필요해요.

## 최고의 매치 메이커

　키즈 카페에서 약속한 시간만큼 놀고 집에 가자고 하니, 한 아이는 더 놀고 싶다고 짜증을 냅니다. 이에 엄마는 더 놀고 싶은 아이의 마음을 알아주며 지금 집에 가야 하는 이유를 설명해 주었고, 다음에 다시 오자고 꼭꼭 약속을 하고 집으로 향하지요. 훌륭한 매치 메이커라고 생각했어요. 아이는 엄마에게 속상함을 언어로 표현할 수 있을 만큼 조절이 가능한 상태여서 **약속을 지켜야 하는 이유**를 이해할 수 있었으니까요.

　또 한 아이는 키즈 카페에서 약속한 시간만큼 놀고 집에 가자고 하니, 더 놀 거라고 소리를 지르며 웁니다. 어떤 설득을 해도 듣지 않고 울어요. 엄마는 아이를 안고 키즈 카페 구석으로 가서 조용히 토닥토닥 진정을 시켜요. 그리고 무엇을 원하는지 울지 않고 이야기할 준비가 되면 말해 달라고 부탁하며 아이가 진정되길 기다리지요.

　잠시 후, 아이는 진정이 되었고 조금만 더 놀고 싶다고 차분히 이야기하자 엄마는 기특해 해요. 그리고 아이가 제일 좋아하는 방방이를 열 번 더 뛰고 갈 수 있도록 잠깐의 기회를 주지요. 이 역시 훌륭한 매치 메이커라고 생각해요. 진정이 안 되어 엄마 말이 안 들리는 아이를 데리고 나올 다른 방법은 윽박을 지르거나 억지로 안고 나오는 방법밖에 없어요. 2보 전진을 위해 1보 후퇴하여 아이가 대화와 사고가 가능하도록 스스로 진정

할 기회를 준 후, 원칙을 가르치는 것이 현명한 선택이었다고 생각해요.

한 엄마는 아이에게 약속을 지키도록 했고, 한 엄마는 아이에게 조금 더 놀 기회를 줬어요. 그럼에도 둘 다 훌륭한 매치 메이커라고 한 이유를 이해할 수 있겠지요? 이제 육아에서 아이의 성장을 위해 앞으로 전진해야 할 때와 진정을 위해 잠시 후퇴 후, 전진해야 할 때를 판단하는 기준 역시 알고 있으리라 믿어요.

❋ ❋ ❋

아동 상담을 할 때 검증되고 보편적인 육아 정보를 줄 수는 있지만 각각의 아이에게 맞는 맞춤 서비스를 제공하는 데는 한계가 있을 수밖에 없어요. 예를 들어, 밤에 제시간에 재워 생활 규칙을 지키도록 조언하고, 어떻게 실행하면 좋을지 육아 팁을 줄 수는 있지만 연신내에 사는 콩떡이가 이 육아 정보대로 하면 "네" 하고 따라올지 안 하겠다고 뒤집어져 울지, 고기리에 사는 팥떡이는 언제는 잘 따르고, 언제는 잘 따르지 않을지 개개인의 행동 예측을 섬세하게 판단하지는 못한다는 것이죠.

하지만 엄마는 데자뷰처럼 매일 반복되는 육아 써클 속에서 자기 아이의 행동을 어느 누구보다 섬세하고 정확하게 예측할 수 있어요. 아이의 최고 믿음직한 매치 메이커는 바로 '엄마'라는 사실을 잊지 마세요.

아이의
떼
거부
고집을
**다루다**

밀 땐 밀고,
당길 땐 당긴다
## 진정 훈육

CHAPTER 4

선생님!
좋아하는 여자 친구가 있는데 요즘 너무 힘들어요. 처음에는 친절하고 성격이 밝아서 좋아했는데, 어느 순간부터 사소한 일로 자꾸 짜증을 내요. 예를 들어, 도서관에서 공부하고 있는데 전화했다고 짜증 내고, 그래서 전화 안 하면 자기한테 관심 없다고 짜증 내고, "어제 시험 때문에 밤새서 너무 졸려."라고 의미 없이 한 말에 "그래서 오늘 괜히 만났다는 거야?"라며 짜증을 내요. 그럴 때마다 혹시나 헤어지자고 할까 봐 무조건 미안하다고 하고, 기분을 맞춰 주려고 했어요. 그런데 점점 '내가 왜 미안해 하지?'라는 생각이 들었어요. 그래서 유난히 여자 친구의 짜증이 잦았던 어느 날, 좀 힘들다고 솔직하게 이야기했죠. 여자 친구는 "요즘 힘들고 예민해서 그래. 네가 편해서 그런가 봐. 조심할게."라고 사과했지만 하루 이틀 지나면 다시 전처럼 똑같이 리셋돼요.

결혼한 지 10년이 넘어 연애 시절도 가물가물한 제게, 20대 청년이 개인 블로그를 통해 이렇게 고민 상담을 적어 놓았어요. 너무 다른 세상 이야기라 섣불리 조언하기 어려웠지만, 한 가지는 분명했어요.

여자 친구가 객관적으로 화를 낼 일이 아님에도 남자 친구를 힘들게 하는 일이 잦다면, 그 순간은 자존심을 죽이고 어떻게 해서든 맞춰 주는 **당기는 타이밍**이 아니라 "기분이 나아질 때까지 기다리고 있을게. 그때 다시 얘기하자."라며 스스로 조절하도록 **미는 타이밍**이라는 것을요.

❋❋❋

한 아이가 갑자기 몸을 젖혀 바닥에 누워요.

팔 다리를 모두 휘저으며 울음 섞인 고함을 질러 대고 나중에는 숨도 제대로 못 쉬고 꺽꺽대요. 혹시 아동 학대인가 싶어 다가가 파악해 보면, 아이가 누르려던 엘리베이터 버튼을 엄마가 눌렀다거나, 과자를 달라고 했는데 안 된다고 했다거나, 아이가 들고 있는 아이스크림을 아빠가 한 입 뺏어 먹었다는 아주 사소한 이유일 때가 종종 있어요.

이런 상황에서는 엄마 아빠가 참 안쓰러워요. 대부분 안아 주고, 토닥거리고, 과자를 꺼내 달래고, 엘리베이터 버튼을 끄며 사과하고, 더 맛있는 과자를 사 주겠다고 약속하며 아이를 진정시키기 위해 애원에 가깝게 고군분투하거든요. 그럴 때마다 꼭 전하고 싶은 말이 있어요.

아이가 자기 감정에 빠져 떼쓰고 무례해진 순간은, 안아 주고 맞춰 주고, 달래 주며 아이를 **당기는 타이밍**이 아니라 **"울지 않고 이야기할 준비가 되면 말해 줘. 기다리고 있을게."** 라며 아이가 **스스로** 감정을 추스를 수 있도록 **미는 타이밍**이라는 것을요.

❋❋❋

물론 알고 있어요. 미는 순간 내가 소중하게 지키고 싶은 관계가 어그러질까 두려운 마음. 하지만 연애는 상대방의 짜증을 받아 줄 것인지 말 것인지 각자 선택의 문제이지만, 육아는 다른 차원의 문제예요. 내 아이의 조절 능력과 직결되는 것이니까요.

엘리베이터 버튼을 남이 눌러 버렸다고, 아이스크림을 아빠가 먹어 버렸다고, 과자를 엄마가 먹지 못하게 한다고 무너지는 조절 능력이라면 아이는 어디에서든 불편함을 쉽게 느낄 수밖에 없어요. 엄마 아빠가 도움을 줄 수 없는 어린이집이나 유치원에서는 더더욱요.

※※※

"어제는 뽀로로 그릇에 시리얼을 줬는데 계속 징징거렸어요."

매주 인절미 엄마가 상담하러 와서 들려주는 스펙터클 육아 스토리는 패턴이 거의 비슷해요. 징징거림으로 시작해서 발차기 신공으로 끝나는 울음 블랙홀이거든요.

이번에도 마찬가지였어요. 인절미는 시리얼이 담긴 그릇과 스푼의 캐릭터가 달라서 징징거렸고, 늘 뿌려 주던 아몬드 토핑이 없어서 짜증을 냈으며, 우유가 옷에 묻었다며 울기 시작했고, 몇 방울 안 흘렸으니 다 먹고 갈아입혀 주겠다는 엄마의 말에 화가 나 폭발하고 만 것이죠.

인절미 엄마 대응도 매번 비슷해요. 시리얼 그릇과 짝이 맞는 스푼을 급히 찾아다 주고, 아몬드를 대령해 넉넉하게 시리얼 위에 뿌려 주고, 얼른 옷을 갈아입혀 주고…….

막무가내 울음 블랙홀! 아이를 키우다 보면 대부분 경험하게 되지요?

생각해 보면 저 역시 사랑이, 아얌이 두어 살 즈음에 가장 힘들었던 것 같아요. 서라운드 사운드로 들려오는 울음소리에 넋이 나가 자포자기할 정도였죠. 그런데 조금 비껴서 들여다보면, 아이 스스로 울음 블랙홀을 만든 게 아니라 아이를 달래는 엄마의 고군분투가 아이를 자신의 울음 속에 매몰시키는 요인이었다는 사실을 깨닫게 돼요.

※※※

지금부터 인간을 이해하기 위해 시행했던 스키너 실험을 토대로 아이의 행동에 따른 부모의 대응을 객관적으로 살펴볼 거예요. 그 속에서 일정한 원칙과 패턴을 발견하면 아이의 떼 울음을 감당할 방법이 보일 거예요.

그리고 아이의 떼쓰는 원리를 체계적으로 이해하고, 최대한 빠르고 효과적으로 아이를 진정시키는 훈육 스킬을 소개할 거예요. **진정 훈육의 최종 목표는** 일상적인 사소한 이슈라는 전제 아래, **1분 안에 격해진 감정 스스로 조절하기**예요. 여기에서 소개하는 '진정 훈육'은 아동 상담 시, 온갖 떼쟁이들을 가뿐하게 조절시켰을 뿐 아니라 7년 동안 SNS를 통해 접한 수천, 수만의 육아맘들이 드라마틱한 효과를 누린 방법이기도 해요.

감정의 뇌에 갇힌 떼쟁이 아이의 **생각하는 뇌를 열어 주는 진정 훈육**, 지금부터 자세히 알아볼까요?

## 막무가내 짜증과 울음, 아이 탓일까? 부모 탓일까?

울며 떼쓰면 얼른 달래 주거나
고집을 꺾어 보려 하다가 금세 물러나곤 하면
아이의 떼쓰기는 갈수록 심해져요.
왜 그런지 스키너의 **정적 강화**를 통해 알아보아요.

# 스키너의 조작적 조건 형성
## 정적 강화

여기 새가 있어요.

아무 생각 없이 왔다 갔다 움직이다가 우연히 바닥에 있는 버튼을 밟았어요.

그랬더니 모이가 떨어져요.

맛있게 먹었죠.

모이를 먹고 나서 또
아무 생각 없이 돌아다니다
다시 우연히 버튼을 밟았어요.

그랬더니 또 모이가 떨어져요.

이번에도 맛있게 먹었죠.

이렇게 우연히 버튼을 밟을 때마다
모이를 먹게 되는 상황이 반복되다 보니
어느 순간 우연이 아닌 의도적으로 버튼을 누르기 시작하고
자연스럽게 버튼을 누르는 빈도가 점점 높아지게 되죠.

이것이 스키너의 조작적 조건 형성 연구 중
정적 강화에 관한 실험이에요.

스키너는 이 실험을 통해
인간의 행동 패턴을 알아냈어요.

인간은 누구나
어떤 상황에서 우연한 행동에 대해 원하는 보상을 얻게 되면
언젠가 그 행동을 반드시 다시 하게 되고,

> **벌허스 프레더릭 스키너(Burrhus Frederic Skinner, 1904~1990)**
>
> 미국의 심리학자. 스키너 상자, 동물의 행동을 분석하여 인간의 행동을 연구함으로써 비둘기 학자라는 별명을 가졌다. 행동이 일어나기 전의 조건과 행동이 일어난 후의 관계를 기술하는 입장을 주장하여 행동주의 사조의 큰 뿌리를 일궈 냈다.

이 패턴이 반복될수록 점차 습관이 되어
태도로 자리잡게 된다는 거죠.

그럼 지금부터 이 공식을 적용해 보면서
감정의 뇌에 갇힌 아이들이
왜 생각하는 뇌로 사고하지 못하는지
어떻게 하면 적절한 균형을 이루어 가는지
차근차근 풀어 나가기로 해요.

# 떼쟁이로 가는 길

### 첫째, 동일한 행동, 반복된 보상

태도가 형성되는 키트를 펼쳐 놓고

스코어를 준비한 후,   하루 종일 징징거리는 인절미를
  소환할 거예요.
  인절미가 왜 종일 징징거리게 됐는지
  시각적으로 이해하는 시간을
  가져 볼게요.

처음에 인절미는 그릇과 짝이 맞는 포크를 달라고 징징거렸어요. 엄마는 얼른 인절미가 원하는 포크를 줬죠.

인절미는 "아하! 울면 원하는 것을 쉽게 얻는구나." 라는 깨달음과 함께

징징이 스코어+1을 획득했어요.

인절미는 시리얼에 아몬드가 없다고
또 징징거렸어요.
엄마는 아몬드를 줬죠.

"아하! 역시 울면 원하는 것을
쉽게 얻는구나!"라는 확신을 하며

징징이 스코어 +1을 또 획득했지요.

이번에는 옷에 시리얼을 흘려 징징거렸어요.
엄마가 곧장 옷을 갈아입혀 줬어요.

인절미는 "아하, 울면 원하는 것을 얻는 게 확실해!"라며
세 번째 징징이 스코어 +1을 획득했어요.
순식간에 징징이 스코어 +3이 된 인절미의 울음은 더욱 잦아졌죠.

**동일한 행동, 반복된 보상**은 그 행동을 습관으로 만들어 버려요.
단언하건대, 인절미는 앞으로 원하는 것이 있으면
생각하는 뇌로 사고해 부탁하기보다
**닫힌 아이**가 되어 징징거리며 자기 감정에 매몰될 거예요.
감정에 매몰된 아이로 있어야 원하는 것을
쉽게 얻을 수 있으니까요!


진정이 잘 되지 않는 아이의 엄마라면 되돌아 곰곰이 짚어 보세요.
혹시, 아이가 우는 순간 스스로 진정할 수 있는 기회를 주기보다
진정이 되지 않을 만큼 울어야 원하는 것을
얻기 좋은 환경은 아니었는지 말이죠.

## 둘째, 떼 부림과 울음의 강도

피곤한 어느 날,
아이가 떼를 부려요.

엄마는 본능적으로
자신의 체력과 상황을 고려해
훈육할지 대충 맞춰 주고 넘어갈 것인지 저울질하죠.

그리곤 아이가 원하는 것을 들어줬어요.
그게 쉽고 빠르기 때문이에요.

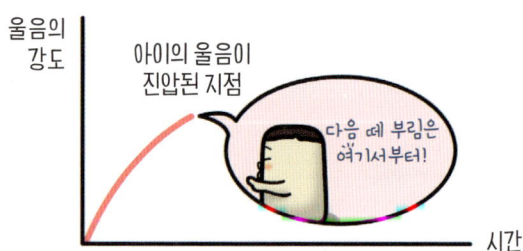

그러면 아이는 원하는 것을 얻게 한
자신의 마지막 행동을 저장해요.

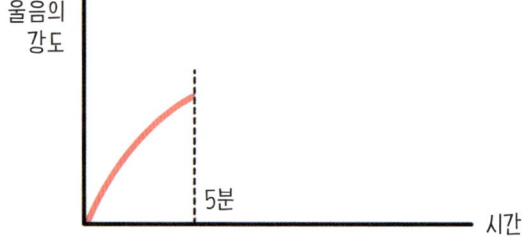

그래서 이번 떼 부림에서
울음의 절정에 올라서는 데 5분 걸렸다면,

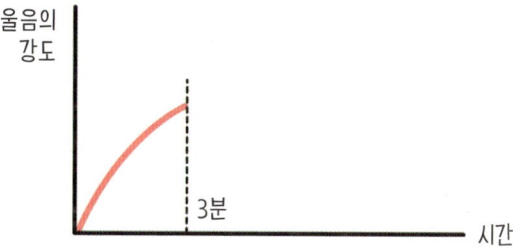

다음 때 부림에서는 그 수준의 울음 강도를
보이는 데 훨씬 짧은 시간이 걸려요.

하지만 이런 상황이 반복되다 보면
대부분의 엄마는 한 번쯤
이 행동을 고치겠다고 생각하며
아이가 원하는 것을 들어주지 않아요.

그럼 아이는 더 최선을 다해
엄마에게 어필할 수 있는
업그레이드된 때 부림을 부리지요.

자신의 훈육으로 인해 아이가 잘못될까 겁이 난 엄마는
얼른 아이가 원하는 것을 주거나
달래서 진정시키는 방식으로 사태를 수습해 버리죠.

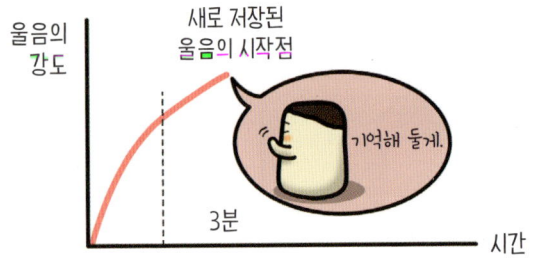

그럼 아이는 또 이때의 울음 강도를 기억했다가
다음에 원하는 것이 있을 때, 빠르게 그 수준에 도달해요.
이렇듯 자신도 모르게 아이에게 예쁘지 않은 행동을 학습시키는 것을
심리학에서는 **조성**(shaping)이라고 해요.

아이가 오랫동안 떼를 쓸 때도 이 조성의 원리는
그대로 적용돼요. 예를 들어
인절미가 10분을 쉬지 않고 울며 떼를 쓰고 있어요.

참다 참다 못 참은 인절미 엄마가
결국 아이가 원하는 것을 들어줘요.
하지만 그 순간!

다음에 떼를 쓸 때 선보일 아이의
울음 강도와 시간은
훨씬 세지고 길어지는 거죠.

물론, 아이의 울음이 길어지고
끝도 없이 그 울음 속에 빠져드는 순간이
엄마 입장에서는 얼마나 두려운지 잘 알아요.
하지만 아이가 무작정 떼쓰고 엄마는 전략적으로
그 떼를 받아 주지 않는 순간,
이때부터 둘만의 진정한 라운드가 시작될 거예요.

아예 시작하지 않았으면 모를까
이미 시작했다면 꼭 기억해 두세요.
이 순간 떼 부림의 강도는 점점 올라가고 있다는 것,
그래서 여기서 물러설 땐
다음에는 더욱 거세진 아이의 떼쓰기에
대응할 각오를 해야 한다는 것을요.

# 아이를 진정시키는 훈육법

## 진정시키는 기본 패턴(원리)

지금까지 아이가 울면 관심을 쏟고

울지 않으면 관심을 거둬
아이의 떼 울음을 키워 나갔다면

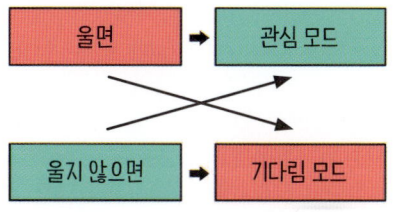

이제부터는 이렇게 패턴을 바꿔서

울면 아이가 스스로 진정할 수 있도록
조용히 기다리고

울음이 잦아들면 관심을 쏟고
소통을 하며 진정시키는 패턴을
적용할 거예요.

문제는 이 과정에서
아이가 너무 강하게 기약 없이 울어 버리면
매우 불안해지며,
훈육에 성공한 후에도 찝찝할 수 있어요.
그래서 아이의 울음과 저항을 최소화하면서
효과적으로 진정시킬 수 있는 꿀팁을 갖고
진정 훈육의 시작부터 끝까지 하나하나 녹여서
다뤄 보도록 할게요.

# 진정 훈육의 히든카드(준비)

다음은 진정 훈육 전에 **장착**해야 할 세 가지 **히든카드**예요.
진정 훈육에서 자꾸 실패한다면 여러 번 반복해서 숙지해 주세요.
그대로 적용하면 아이의 울음이 훨씬 짧아지고
**빠르게 진정하는 효과**를 보게 될 거예요.

### 첫째, 표정

인절미가 사소한 일로
징징거리는 이 순간,
인절미 뇌에서는
무슨 일이 일어나고 있을까요?

뇌를 배회하던 뉴로셉션(neuroception)이라 불리는 세포는
식기 색깔이 맞지 않다는 것을 발견하는 순간!
시리얼에 아몬드가 들어가지 않았다는 것을 안 순간!
우유를 옷에 흘리는 순간!

비상사태로 판단해요.

그래서 구조 기관인 감정의 뇌의
핵심 부속 기관 편도체에 연락을 하죠.

그럼 편도체는 뉴로셉션의 말만 믿고

모든 신체 기관에 비상사태를 선포하지요.

순간적으로 아이는 심장이 빠르게 뛰고, 얼굴이 빨개지고, 눈물이 나는 등 감정적으로 변해요.

이 모습을 보고 생각하는 뇌의 피질은 한숨을 쉬며 **팩트**를 전해요.

아이는 피질의 말을 듣고서야 진정을 해요.
우리가 사소한 오해로 기분이 상했다가도
이성적으로 곱씹으며 스스로 평정심을 찾는 과정과 같죠.

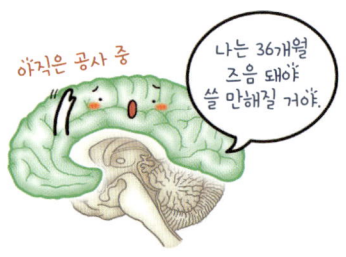

문제는 36개월 이하의 아이들은
대뇌 피질이 아직 완성되지 않았다는 거예요.
"흥분할 일 아니야, 진정해.", "울 일 아니야, 진정해."라고 알려 주는
**중앙 통제 시스템**이 아직 공사 중이죠.

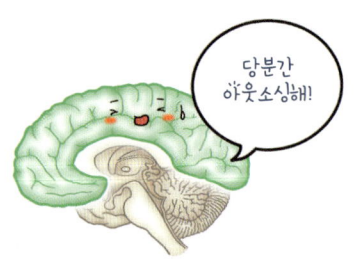

그래서 어쩔 수 없이 그 메시지를 보내 줄
시스템을 외부에서 가져와야 하는데

그것이 바로, 엄마 표정이에요.

공사 중인 중앙 통제 시스템으로 인해
사소한 이슈에도 감정에 매몰되어
하늘이 무너질 듯 울다가도

엄마의 의연한 표정을 본 뉴로셉션은
지금 그렇게 절망적이고 극단적인 상황이 아님을
직관적으로 판단하게 되죠.

이것이 최근 각광받고 있는
스티븐 포지스 박사의 **사회관계 체계**예요.

> **스티븐 포지스**(Stephen Porges, 1945~)
> 노스캐롤라이나 주립대학교 정신의학과 교수. 사람이 극도의 스트레스나 트라우마 상태에 있을 때 몸(자율신경계)이 행동을 어떻게 컨트롤하는지에 관하여 연구했다.

하지만 안타깝게도 진정 훈육을 하는 엄마들 표정은
열에 아홉은 이렇게 화가 나 있어요.

그럼 아이의 뉴로셉션이 변연계에 이렇게 이야기하죠.
"내 말이 맞잖아. 지금 비상사태잖아!"
아이는 쉽게 흥분을 멈추지 않고 계속 울게 돼요.

아이가 빨리 진정하길 원한다면
아주 느긋하고 편안한 모습을 '의도적'으로 보여 주어야 해요.

'우리는 안전해. 그리고 나는 너의 울음에 흔들리지 않아.
네가 스스로 진정하길 조용히 기다릴게.'라는
메시지를 마음속에 가득 안고 말이죠.

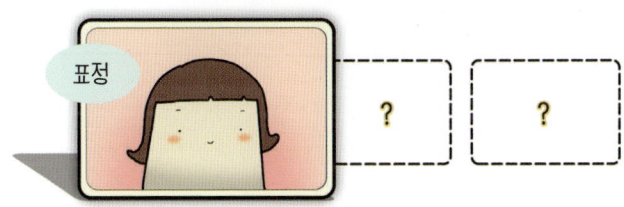

본격적인 **진정 훈육 전에 장착할** 이 표정을
꼭 기억해 두세요.

아이의 울음을 짧게 만드는 **첫 번째 카드**입니다.

## 둘째, 메시지

하늘이 무너질 듯 울고 있는 아이에게
"울지 말고 얘기해."라고
처음부터 요구하면 그 훈육은 실패할 확률이 상당히 높아요.

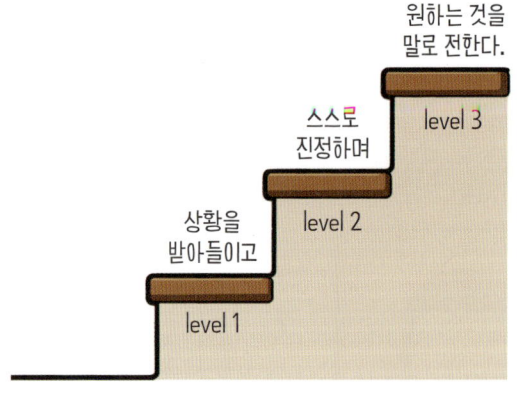

우리가 머릿속에 그리는 대로 **울지 않고 말하기** 위해서는
울음 떼가 통하지 않는다는 **사실**을 받아들이고(level 1),
격해진 감정을 스스로 **진정**시키며(level 2),
원하는 것을 **말로 전달**하는(level 3) 단계를
차곡차곡 밟아야 가능해지기 때문이에요.

그런데 떼 부림으로 원하는 걸 얻고 스스로 진정해 본 경험이
없는 아이에게 다짜고짜 "울지 않고 말해."라고 하면
듣지 않는 게 당연해요.

아이에게 마음을 진정하고
원하는 것을 **건강하게 표현**할 수 있는 방법을
하나하나 차근차근 알려 주어야 해요.

조절의 첫 걸음은
"아, 울기보다 엄마한테 협조했을 때 내가 원하는 것을
더 쉽게 얻을 수 있네."라고 깨닫는 데서부터 시작돼요.

그래서 level 1 메시지는 "엄마에게 오세요."라는
간단한 말로 아이가 상황을 파악할 수 있도록 해 주는 거예요.
만약 울면서 매달리는 경우라면 바닥에 휴지 같은 것을 두고
"우리 아가 눈물 닦아 줄게. 휴지 좀 주세요."라고 하세요.

이때 아이가 흥분한 상태에서도 엄마의 메시지를 따를 수 있을 만큼
조절이 가능해지면 level 2 메시지로 넘어갑니다.

level 1에서 엄마의 지시를 따르는 것까지는 성공했지만
여전히 울음은 그대로일 수 있어요.
아직 감정을 스스로 추스르기가 어려운 상태인 것이죠.

그래서 level 2 메시지는
"진정이 되면 엄마한테 와 줘. 기다리고 있을게."로 바꿔 주세요.
아이 스스로 감정을 추스를 시간을 주는 것이죠.

마지막 level 3 메시지는
"울면서 이야기하니까 무슨 말인지 잘 모르겠어.
울지 않고 이야기해 줄래?"라고 하세요.

아이는 이미 level 1을 통해 울음 떼를 버리고
엄마의 메시지를 따르는 것이 가능해졌고,
level 2를 통해 언어의 힘을 경험했으므로
level 3는 훨씬 수월하게 감정을 조절해서
의젓하게 원하는 것을 전달할 거예요.

엄마는 그때 칭찬을 해 주면 돼요.
"네가 무엇을 원하는지 이제야 정확하게 알겠어."라고요.

| | | | |
|---|---|---|---|
| level 1 | 떼 울음이 통하지 않는 상황임을 알려 주는 메시지 | ▶ | 엄마한테 오세요.(이것 주세요.) |
| level 2 | 격해진 감정을 스스로 진정시키는 메시지 | ▶ | 울지 않고 와 줄래? |
| level 3 | 원하는 것을 울음이 아닌 언어로 전달하게 하는 메시지 | ▶ | 울지 않고 얘기해 줄래? |

우리 아이가 어느 수준이고, 아이를 진정시키기 위해
어떤 메시지를 보내야 할지 정리가 되었나요?
그렇다면 그 메시지를 꼭 기억해 두세요.

이것이 바로 성공적인 진정 훈육을 위한 **두 번째 카드**거든요.

## 셋째, 보상

떼쓰는 아이를 보며 마음이 약해진 순간마다 허용했던 것들이 되려 아이의 떼를 키웠다고 판단한 순간, 엄마는 절대 아이의 울음과 떼에 휘둘리지 않겠다고 다짐해요.

그리고 단호히 대응해서
아이를 진압시키죠.

하지만 막상 우는 아이를
진압해서 순응시키고 나면
소기의 목적을 달성했음에도
기분이 찝찝할 거예요.

아이는 시리얼에 아몬드를 넣고 싶어서
세트로 된 식기로 식사를 하고 싶어서
엄마에게 떼를 쓴 건데
아무리 울어도 엄마는 절대 흔들리지 않아요.
그럼 아이는 무슨 생각을 할까요?

"에이, 내가 보여 줄 수 있는 최선을 다해 떼를 부렸는데
시리얼에 아몬드 하나 못 넣네."라며 체념하고 무력화돼요.
훈육이 곧 아이가 기죽는 과정이 된 거죠.


진정 훈육의 목표는 가르치는 것이 아닌,
**진정시키는** 것임을 반드시 기억해야 해요.
지금까지 울 때 보상을 줘서 떼쟁이로 만들었다면
**이제부터는** 진정하면 원하는 **것을** 조금이라도 **줘야** 해요.
그게 여의치 않다면 칭찬이든, 좋아하는 놀이든, 간식이든
아이를 위로할 수 있는 보상 중 가능한 것을 내주어야 해요.
이 과정을 통해 '그냥 울고불고 떼쓰는 것보다 진정하고 엄마한테
요구하는 것이 훨씬 유리해질 수 있구나.'라는 것을 학습할 수 있거든요.

물론 결코 쉽지는 않을 거예요.
아이가 원하는 것이 당장 없을 수도 있고
위험하거나 다른 사람에게 피해를 주는 일일 수도 있거든요.
여기서 말하는 보상은 **되도록**임을 꼭 기억하세요.

이렇게 상상하면 쉬워요.

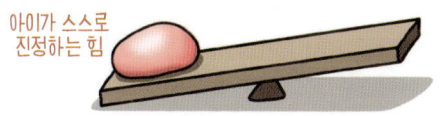

시소를 놓고, 한쪽에는
'아이가 스스로 진정하는 힘'을 올려놓아요.

그리고 다른 한쪽에는
아이가 요구하는 것을 올려 보아요.

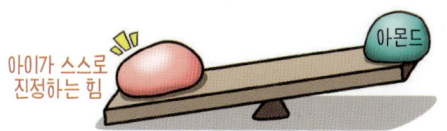

사탕이나, 짝이 맞는 식기나,
시리얼에 넣을 아몬드나, 갈아입을 깨끗한 새 옷 등
아이가 요구하는 보상의 가치보다
스스로 진정하는 힘의 가치가 훨씬 크다면
진정했을 때 아이에게 **되도록** 제공하기를 추천해요.

만약 엄마의 원칙상 쉽게 줄 수 없다면
**보상의 1:9 법칙**을 적용하는 것도 효과적이에요.

예를 들어, 밤에 사탕을 먹겠다고 떼를 부리며 운다면
아이가 울지 않고, 스스로 진정해서
"엄마, 사탕 주세요."라고 요구하게 한 후,

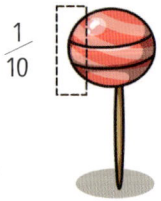

아이가 요구하는 사탕의 1/10 만큼을 칭찬과 함께 주세요.

만약 밥 먹기 전에
과자를 먹겠다며
정신없이 떼를 부린다면

이 역시 스스로 진정해서
"엄마 과자 주세요."라고
요구하도록 한 후,

우선 과자의 1/10 만큼만 주고,
나머지 9/10는 식사 후에 주면 돼요.

1:9 법칙만으로도 아이들은
'떼를 부리는 것보다 스스로 진정해서 요구하는 것이
원하는 것을 더 쉽게 얻을 수 있다.'라고 생각하며
경험하고 학습할 수 있으니 **1타 2피**의 효과적인 방법이에요.

자, 이제 **진정 훈육**에 본격적으로 들어가기 전에
아이가 진정하면 어떤 보상을 줄지 구체적으로 준비해 놓으세요.

# 스스로 진정하는 경험 쌓기(적용)

성공적인 진정 훈육을 위한 세 가지 히든카드, 잘 준비되었나요?
지금부터 준비한 세 가지 카드를 토대로
진정 훈육을 알아볼 거예요.

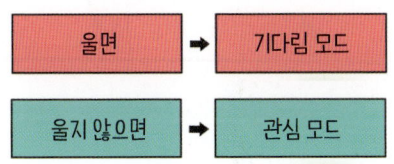

진정 훈육의 기본은 앞서 소개했듯이
울면 기다리고,
울음이 잦아들면 아이에게 관심을 보이며
소통하는 게 기본 패턴이에요.

아마도 처음에는 많이 불안하고
많이 흔들릴 거예요.

아이가 울 땐 달래는 일이 익숙한데
어느 날 갑자기 우는 아이를 무시하려니 괴로울 수밖에요.

아이의 돌발 행동과 긴 울음에 당황하지 않고
의연하게 아이를 진정시킬 수 있도록
진정 훈육 시, 보이는 **아이의 패**를 공개하도록 할게요.
이 과정을 잘 숙지하고, 실제 아이의 모습에 매칭해 나가면
훈육 상황에서 훨씬 의연하고 안정적으로 적용할 수 있을 거예요.

먼저, 아이가 자기 울음에
몰입하는 듯한 순간,
앞서 말한 대로 공감과 간단한 지시로
**감정의 뇌**에 매몰되었는지
확인해 보세요.

아이에게 지금 무언가를
가르치는 것이 불가능하고
진정시키는 것이 먼저라는 판단이 들면
잠시 모든 상호 작용을 멈추고
기다려 주세요.

기다림 모드가 되는 겁니다.

당황하거나 짜증난 표정을 짓는 순간
아이의 **흥분 페이스**에 엄마가 휘말려 들어가는 거예요.
그럼 둘 다 감정의 뇌에서 흔들흔들 하게 되지요.
훈육이고 뭐고 함께 무너지는 거예요.

아이가 진정해서 생각하는 뇌로 사고할 수 있도록
엄마부터 생각하는 뇌를 지키며 여유 있는 표정으로
울음이 잦아들 때까지 흔들림 없이 기다려 주세요.

앞에서 준비한 첫 번째 히든카드 **여유 있는 표정**은 이때 쓰는 거예요.

네가 속상하고 짜증난 것은 알지만
식기의 색깔이 다른 것은, 시리얼에 아몬드가 없는 것은
하늘이 무너질 만큼 괴롭고 두려운 일이 아니라고
엄마 표정을 통해 직관적으로 전하는 거죠.

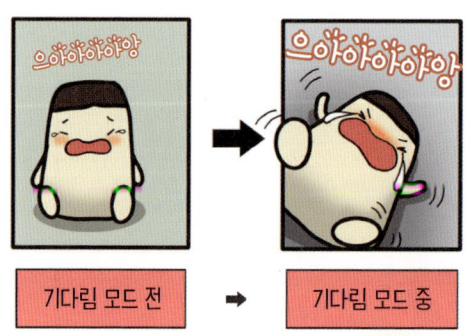

이렇게 엄마가 기다림 모드가 되면
아이는 점점 더 많이, 더 크게 울기 시작할 거예요.

이때 아이의 뇌에서
무슨 일이 일어나고 있는지 볼까요?

컴퓨터를 하다가 갑자기 화면이 안 넘어가면
엔터 키를 연달아 눌러 본 경험이 있을 거예요.
혹은 TV 리모컨 버튼을 눌러도 채널이 돌아가지 않으면
순간적으로 미친 듯이 채널 버튼을 눌러 댄 경험도 있을 거예요.

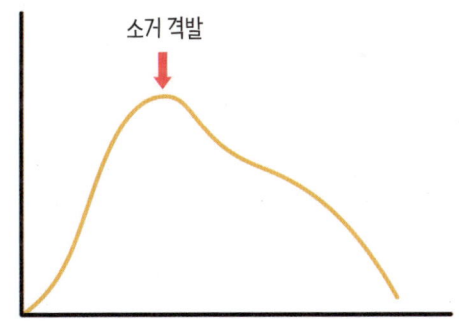

이렇듯 기존에 잘 되던 것이 갑자기 안 되면
일시적으로 기존 반응이 폭발적으로 증가하는데
이를 **소거 격발**이라고 해요.

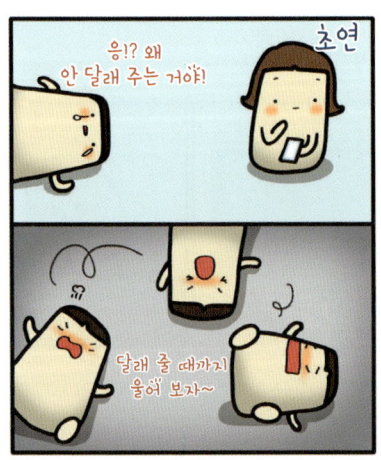

아이 역시 떼쓸 때 평소에 반응을 잘해 줬던 엄마가
갑자기 반응을 하지 않으면
초반에 떼 부림을 폭발적으로 보여요.

괜히 훈육하다 긁어 부스럼 된다며
후회하고 겁낼 수도 있겠지만
잘못된 행동을 확실히 없애기 위해 거치는
자연스러운 과정이니 절대 흔들리지 말고,
여유 있는 표정을 유지하며 아이의 울음에 집중해 주세요.
아이가 조절 근육을 키우고 있는 중요한 시간이니까요.

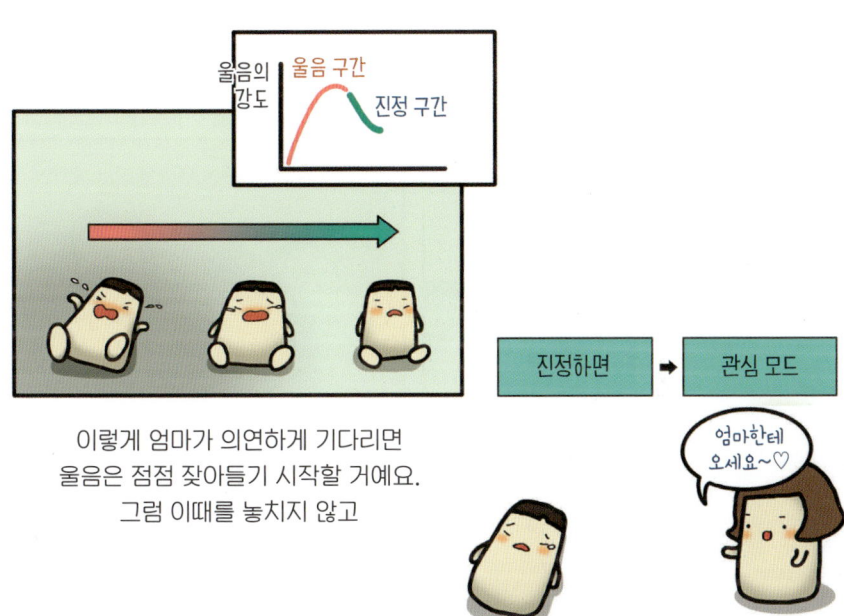

이렇게 엄마가 의연하게 기다리면
울음은 점점 잦아들기 시작할 거예요.
그럼 이때를 놓치지 않고

관심 모드로 전환시켜 주세요.
두 번째 히든카드인
**메시지**는 이때 쓰면 돼요.

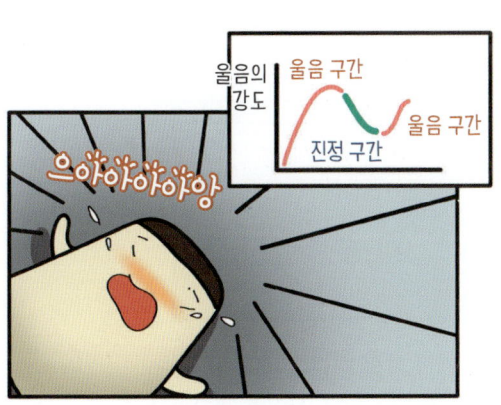

엄마가 관심 모드가 되어 메시지를 보내면
아이는 바로 빵 하고 터지듯 다시 울 거예요.

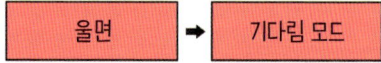

엄마가 협상 테이블에
앉자 기회라고 생각한 거죠.

그럼 다시 의연하게
**기다림 모드**로 전환하면 돼요.

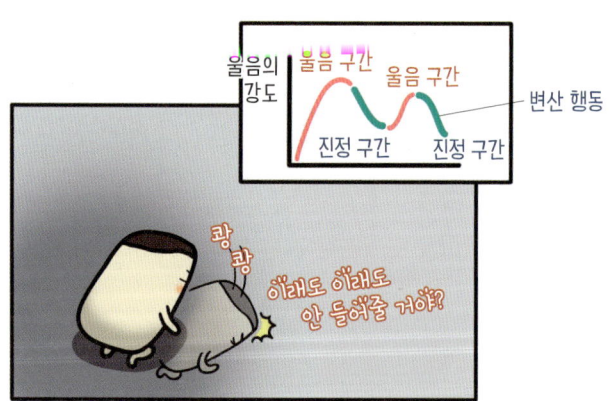

울면 **기다림 모드**, 잦아들면 **관심 모드**를 반복하다 보면
아이는 간혹 중간에 엄마를 때리거나, 자신을 때리면서
소리를 지르는 등 생각하지 못한 행동을 보일 수 있어요.

자신에게 유일한 무기인 울음이 통하지 않으니
다른 무기를 찾아 쓰는 것이죠.
이것을 **변산 행동**이라고 해요.

> **변산 행동**
>
> 과거에 했던 행동 중 우연히 자신에게 이득을 주었던 행동의 변형된 형태. 예를 들어 엄마에게 소리를 지르며 공격했을 때, 엄마가 자신에게 집중했던 경험이 있다면 엄마의 관심을 얻기 위해 때리거나 미는 형태로 변형되어 나타난다.

그럼 엄마는 또 훈육 불안과 후회가 몰려올 거예요.
하지만 변산 행동은 훈육이 아니더라도 원하는 것을 얻지 못하면
어차피 나올 **숨겨진 카드**예요.

여기서 반응하면 그것이 효과적인 무기임을 입증하게 되니
절대 화내지 말고, 때리거나 던지는 등의 위험한 행동에 한해서만
빠르고 단호히 위험 요소를 없애 주세요.
오히려 그 카드가 잘 먹히지 않는 카드임을
엄마 품에서 안전하게 알려 줄 수 있는 좋은 기회예요.

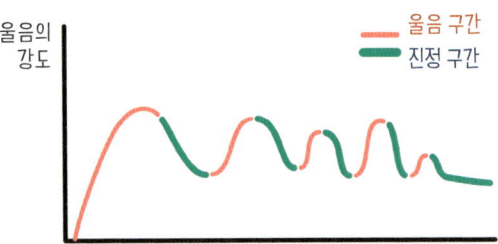

이렇게 **기다림 모드**와 **관심 모드**를 반복하다 보면 아이의 울음 진폭이 짧아지기 시작할 거예요. 이때가 스스로 진정하는 시간이에요.

그리고 그 진폭이 점점 짧아지나가 결국 엄마의 메시지를 따르게 될 거예요.

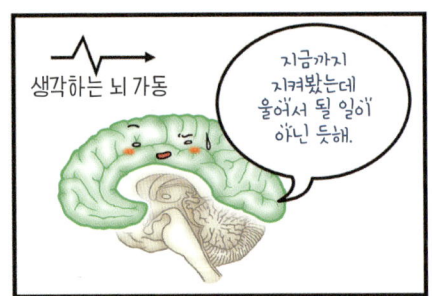

'우는 것으로는 원하는 것을 얻을 수 없어. 하지만 진정하고 엄마의 말에 귀 기울이면 원하는 것을 얻을 수 있어.'라고 **사고**함으로써 닫혀 있던 **생각하는 뇌의 문**을 여는 거지요.

아이가 스스로 진정해서 엄마의 메시지를 따르면
아이에게 온전히 주도권을 넘겨주세요.
정말 고맙다고, 화가 나고 짜증이 났을 텐데
이렇게 언니처럼, 형아처럼 씩씩하게 엄마한테 와 줘서,
의젓하게 원하는 것을 이야기해 줘서 고맙다고 하면서요.

마지막으로 아이가 요구하는 것을
1/10 만큼이라도 **되도록** 주는
세 번째 히든카드, **보상**을 잊지 마세요.

아이는 스스로 진정해서 유리해진
경험이 1개 쌓이는 거예요.

## 자발적 회복기에 재적용(경과)

생각하는 뇌가 공사를 마무리하기 시작하는 36개월 이전까지는
아마도 진정 훈육을 종종하게 될 거예요.

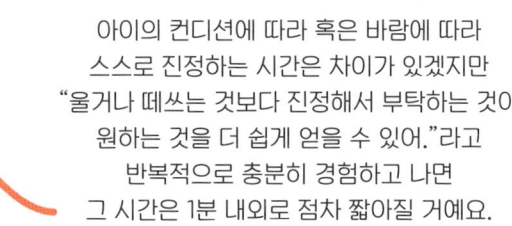

아이의 컨디션에 따라 혹은 바람에 따라
스스로 진정하는 시간은 차이가 있겠지만
"울거나 떼쓰는 것보다 진정해서 부탁하는 것이
원하는 것을 더 쉽게 얻을 수 있어."라고
반복적으로 충분히 경험하고 나면
그 시간은 1분 내외로 점차 짧아질 거예요.

그때쯤 되면, 육아가 행복하고
예쁜 아이가 더욱 예뻐 보이는 허니문 시기가 와요.

그러다가 어느 날, 다시 예전 모습을 보일 때가 있는데
이때 보통 엄마들은 "우리 애는 역시 안 돼."
"나는 뭘 해도 안 돼." "이 방법으로도 안 돼."라는
좌절감을 느끼기 쉬워요.

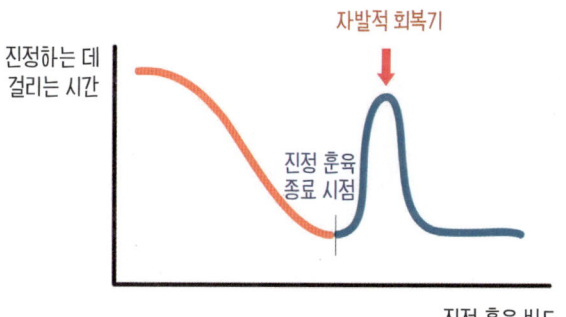

하지만 이는 **자발적 회복기**라고 해서
예전 행동이 일시적으로 나타나는 자연스러운 경과예요.

그러니 좌절하지 말고 아는 방법 그대로
진정 훈육을 다시 적용하세요.

아이는 다시 의연한 모습을 보여 줄 거예요.
그렇게 감정적인 상태에서도 생각하는 뇌로 향하는 문을
안정적으로 열어 놓는 방법을 배우게 되면
그것이 평생에 걸쳐 문제 상황에 대처하는 태도가 되어 줄 거예요.

# 일상에 진정 훈육 녹이기

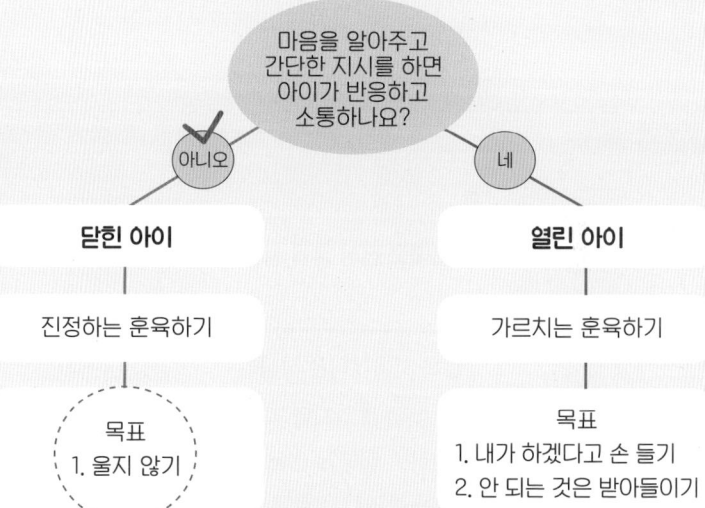

위는 chapter3에서 정리한 꿀떡이의 대장 행동과 훈육 목표예요.

지금부터 목표대로 꿀떡이가 **울지 않고 이야기**할 수 있도록 진정 훈육을 적용해 볼까요?

1. [준비] 진정 훈육 시, 필요한 사항을 아래 카드 안에 넣으세요.

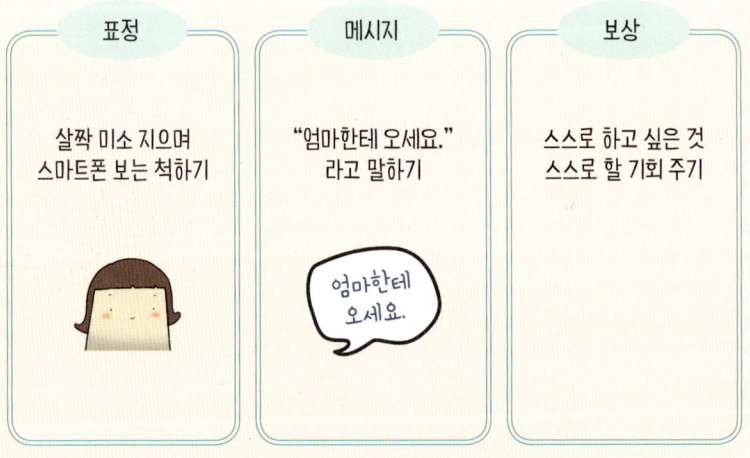

| 표정 | 메시지 | 보상 |
|---|---|---|
| 살짝 미소 지으며 스마트폰 보는 척하기 | "엄마한테 오세요." 라고 말하기 | 스스로 하고 싶은 것 스스로 할 기회 주기 |

2. [적용] 준비 내용을 토대로 진정 훈육 시뮬레이션을 적어 보세요.

### 훈육 시뮬레이션 작성법

1. 아이가 진정하지 못할 때 보낼 메시지를 적어 보세요.
2. 아이가 보일 반응을 예측하며 어떻게 반응할지 적어 보세요.
3. 아이가 메시지를 따르는 순간까지 어떻게 반응할지 같은 방식으로 적어 보세요.

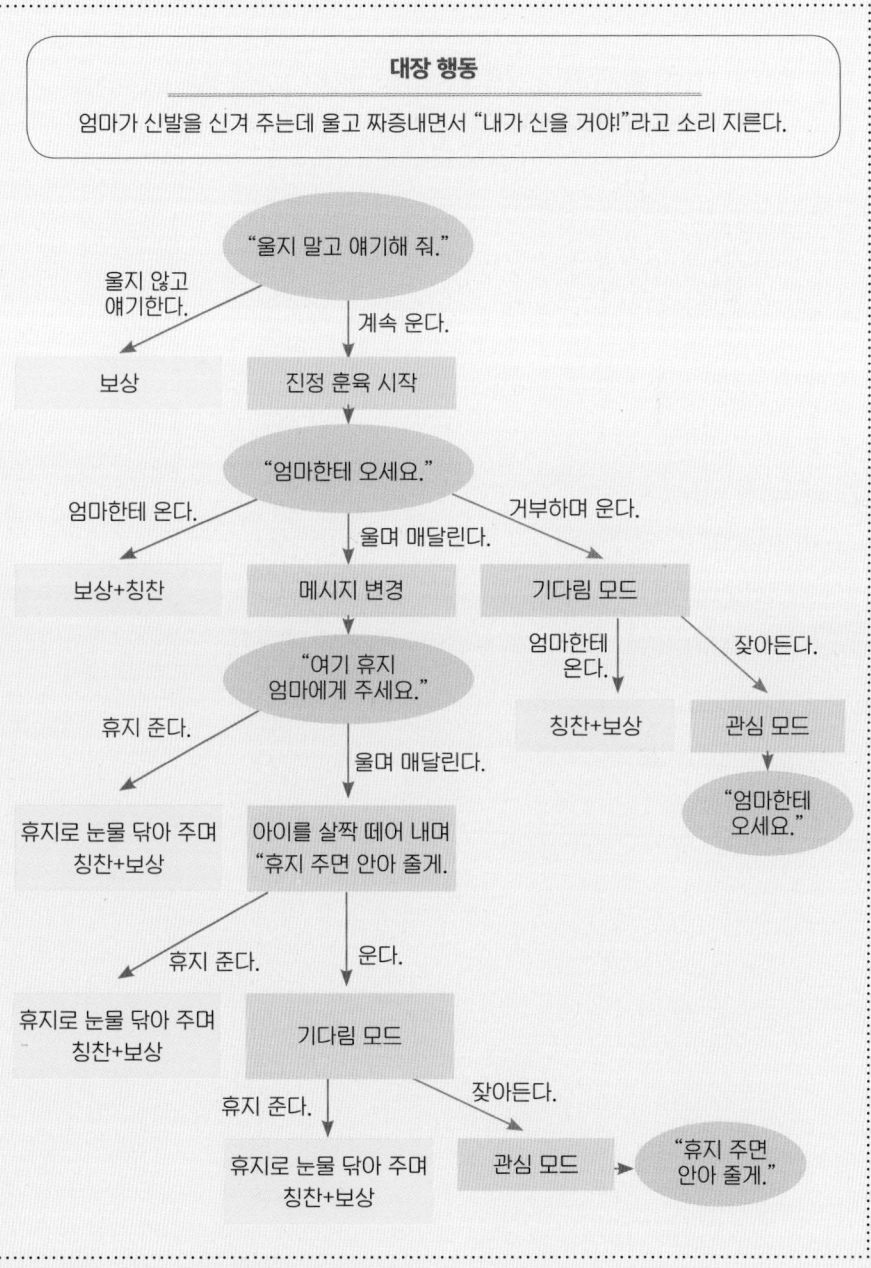

3. **[경과]** 훈육 시작 시점부터 진정하여 칭찬과 보상을 받는 순간까지의 시간을 기록해 주세요.

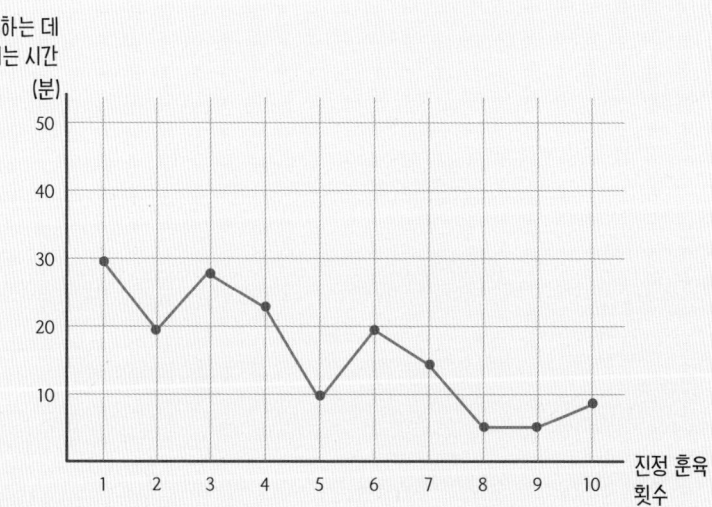

(진정 시간이 1분 내외로 5회 이상 연속되면 기록을 중단해 주세요.)

## 화나고 힘들 때 의젓해지는 아이로

5년 동안 아이들을 위한 행동 개선 방송 프로그램에 참여한 적이 있어요. 그때 의뢰된 아이들이 내가 준비한 프로그램에 쉽게 응해 준 적은 거의 없어요. 때로는 인사하자마자 아이의 장난감이 나를 향해 날아온 적도 있고, 때로는 이미 엄마와 1라운드 떼 부림이 빅매치 중인 경우도 있었으며, 아직 아무것도 시작하지 않았는데 무조건 싫다고 거부하는 경우도 비일비재했죠.

되도록 아이의 마음을 달래 주며 이해시키려고 노력했지만, 많은 경우 그런 노력은 아이의 울음 속에 힘없이 묻히곤 했어요. 그럴 때마다 우선은 진정부터 시키기 위해 진정 훈육으로 아이에게 시간을 주며 기다렸죠.

이 과정에서 고집을 꺾지 못하는 아이들은 노여움에 오줌을 싸거나 침을 뱉기도 하고, 토를 할 때도 있었어요. 때론 소리를 지르거나 자해를 할 때도 있었지요.

❋❋❋

카메라 두 대가 이리저리 돌아가고 아이는 달래 주지 않으니 더욱 거세게 울고, 엄마는 붉으락푸르락 안절부절에 PD도 좌불안석인 상황이었죠.

나에게도 그 기다림의 시간이 쉽지는 않았어요. 가만히 앉아 편안한 표정으로 흥얼흥얼 콧노래를 부르며 여유 있는 척하지만 정말 저항이 심한 아이를 만나면 등이 땀으로 흠뻑 젖을 정도였거든요.

사실 단순히 울음을 멈추게 하는 것이 목표라면 진작에 아이가 달라는 대로 다 주며 쉽게 갔을 거예요. 하지만 그럼에도 불구하고 그 시간을 견딘 것은 울음을 멈추게 하는 것을 넘어 아이가 품 안에 있을 때 감정을 스스로 추스르는 연습을 충분히 할 수 있도록 기회를 줘야 한다고 생각했기 때문이에요. 스스로 감정을 추스르는 경험을 차곡차곡 쌓아서 앞으로 마주하게 될 수많은 문제 앞에서 감정에 휘둘리지 않고 가장 유리하고 건강한 선택을 하며 살아가길 바라는 간절한 마음으로요.

※ ※ ※

친구가 장난감을 뺏었다고 바로 달려들어 싸우는 아이가 아닌, 어떻게 하면 갈등 없이 되돌려 받을 수 있을지 **고민**하는 아이로 성장하길 바라요. 갖고 싶은 장난감을 사 주지 않는 엄마를 향해 떼를 부리는 아이가 아니라, 어떻게 하면 엄마를 설득할 수 있을지 **생각**하는 아이로 성장하길 바라고요. 친구와의 게임에서 졌다고 울며불며 게임 판을 뒤집는 아이가 아닌 어떻게 하면 다음 게임에서 이길 수 있는지 **전략**을 짤 수 있는 아이로 성장하길 바라지요. 시험에 망치면 '내가 뭐 이렇지.'라며 좌절하는 아이가 아니라 어떻게 하면 다음 시험을 잘 볼 수 있을지 **계획**하는 아이로 성장하길 진심으로 바랍니다.

'스스로 감정을 추스르는 기회'가 어떤 상황에서든 감정에 닫히지 않고, 자신에게 가장 유리하고 건강한 선택을 할 수 있도록 만들어 주는 중요한 원동력임을 알기 때문에 열 번이고 백 번이고 기꺼이 아이의 울음을 견뎌 낼 수 있어요.

❀❀❀

엄마와 아이 모두에게 힘든 시간이겠지만 잘 견뎌 주세요.

진정 훈육을 통해 아이는 <u>스스로 감정을 추스르는</u> 중요한 경험을 하고, 엄마는 감정에 휘둘리지 않고 중요한 가치를 전하는 진짜 훈육을 해내는 소중한 시간을 만들어 갈 테니까요. 진정 훈육에 성공하고 기뻐할 엄마와 아이의 폭풍 성장을 응원해요.

아이의
떼
거부
고집을
## 다루다

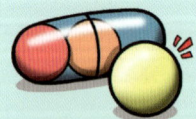

가르치는 훈육의 조건
# 훈육 캡슐

CHAPTER 5

그토록 꿈꾸던 일을 현장에서 할 수 있다는 사실에 스스로 감동해서 온몸에 힘을 꽉 주고 불도저처럼 배우려 들었던 초보 수련생 시절이 있었어요. 잘한다고 칭찬을 받는 순간도 있었지만 미숙하여 혼나던 순간도 적지 않았죠. 가르쳐 주려는 선배의 마음은 알 것 같았지만 그때는 도대체 뭐가 어떻게 돌아가는지, 왜 혼나고 있는지 파악하기조차 힘들었어요. 몇 번 혼나니 어떻게 해야 하는지 더 혼미해지고, 몇 번 더 혼나니 이 길이 내 길이 아닌가 싶고, 그런 일이 계속 쌓이다 보니 시작하기도 전에 주눅이 들었죠.

수년이 지나 숙달된 선배 위치가 되고 나니, 뜻대로 되지 않는 육아에 지친 초보 엄마들에게서 그때 내가 짓던 표정, 내가 갖던 마음을 고스란히 느끼게 돼요. 처음 마주하는 육아에서 좌절하다 길을 잃어버리고 혼미해진 마음. 그때 내 마음과 참 닮아서 어떻게 하면 도움을 줄 수 있을지 더욱 깊이 고민하게 되었죠.

※※※

나는 오디션 프로그램을 좋아해요. 처음에는 좋아하는 도전자를 응원하는 마음으로 보았어요. 그러다가 점점 심사위원들의 심사평이 재미있어서 챙겨 보게 되었죠. 심사평은 잘했다 못했다에 대해서만 이야기하지 않았어요. 음정은 어떠한지, 음색은 어떠한지, 음량은 어떠하고 또 퍼포먼스는 어떠한지 등 조금 더 분석적인 이야기를 전해 주었지요.

설령 혹평이라 할지라도 그렇게 영역을 나누어 짚어 주는 평은 갈 길이 창창한 도전자들에게 최고의 멘토링이고 배려라고 생각했어요. 여러 가지 요소 중 어디에 집중해야 하는지 가이드해 주니까요. 그리고 그 모습은 육아에 자신감을 잃은 초보 엄마들에게 어떻게 가이드해 줘야 하는지 고민했던 문제에 좋은 예시가 되어 주었어요.

※ ※ ※

뺀질 대마왕이라는 별명을 가진 아이를 만난 적이 있어요. 뭐 하나 시켰을 때 바로 움직인 적이 거의 없어 온 가족이 만장일치로 지어 준 별명이라고 했어요. 처음 그 별명을 들었을 땐 '에이 뭐, 어린애가 말을 잘 안 듣나 보네.'라고 생각했어요. 하지만 만나자마자 알았어요. 뺀질 대마왕은 가족들이 진심으로 붙여 준 별명이라는 것을요.

아이는 첫 만남부터 30분을 지각했어요. 토요일 아침 시간이었는데 머리에 까치집이 그대로 잡혀 있었죠. 하도 뭉그적대서 씻지도 못하고 온 거예요. 엄마는 마음은 급한데 늦어서 그런지 얼굴이 상기되어 있는데, 아이는 반대로 너무 평온해 보였어요.

"유치원도 안 가는 날인데 쉬고 싶었지?"

아이에게 다가가 인사하는데 아이는 시선도 주지 않은 채 장난감을 향해 돌진했어요.

"선생님이 물어보시는데 대답 안 해!"

엄마가 꾸짖는 데도 아이는 너무나 평온했어요. 그런데 엄마와 이야기하던 중 아이가 갑자기 드럼을 치기 시작했어요. 드럼 소리 때문에 목소리가 묻히자 엄마는 아이에게 "선생님하고 이야기 중이니까 다른 거 가지고 놀래?"라고 말했지만 아이는 너무나 평온하게 계속 드럼을 쳤어요. 보다 못한 엄마가 소리가 덜 나는 악기를 가져가서 바꾸자고 하자 아이가 태연하게 물었어요.

"왜?"

"어…… 시끄러우니까."

"시끄러우니까 왜?"

"……"

그 순간부터 엄마의 인내력은 봉인 해제되고 말았지요.

도대체 이 아이는 왜 엄마 말을 무시하는 것일까요? 왜 말대꾸를 하고, 심하게 뭉그적거릴까요? 엄마는 화가 나서 붉으락푸르락한데 아이는 왜 평온하기까지 한 걸까요?

※※※

그 요인을 알아보기 위해 **훈육의 세 가지 조건**을 소개하려고 해요. 아이에게 끌려다니는 것 같고, 그저 욱하는 것만 같은 실패한 훈육조차도 이 세 가지 영역별로 분석해 보면 실패 속에서도 엄마만의 훈육 강점이 보이고, 훈육을 실패하게 된 결정적인 요인들이 드러나거든요.

그 세 가지 조건을 토대로 아이가 엄마 말을 무시할 때, 혼내도 같은 행동을 반복할 때, 무조건 엄마 말을 거부할 때, 말대꾸할 때, 훈육을 해야 하는데 시간이 촉박할 때 등등 다양한 상황에서 아이를 효과적으로 다루는 방법을 알아보려고 해요.

스스로 자신의 훈육 방법을 심사하는 심사위원이 되어 세 가지 조건 중 내가 무엇을 가지고 있고, 무엇을 놓치고 있는지 찾아보세요. 내 아이를 다루는 데 있어 앞으로 어느 방향으로 어떻게 나아가야 할 지가 조금 더 명확해질 거예요.

# 훈육을 완성시키는 3가지 요인

엄마가 자신에게 무엇을 원하는지 파악하지 못하는 인절미,
엄마가 시키는 것을 안 하고 무조건 버티는 꿀떡이,
엄마가 시키면 대차게 저항하고 보는 송편이까지
과연 이 아이들에게 필요한 것은 무엇일까요?

# 훈육 캡슐 (인식, 동기, 저항력)

여기 훈육 캡슐이 있어요.

아이가 잘못된 행동을 할 땐 의도와 마음을 꼭꼭 담아서

아이에게 주고,

아이가 그것을 소화해 내면 변화가 시작돼요.

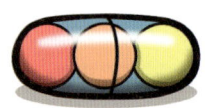

그 변화를 위해 훈육 캡슐에
꼭 넣어야 하는 세 가지가 있어요.

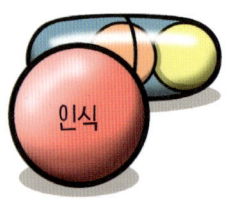

**첫 번째 처방은 인식이에요.**

엄마가 뭘 가르치려고 하는지
아이가 **인식**할 수 있어야 한다는 것이죠.

이것이 없으면 엄마의 훈육은
**시끄러운 잔소리**로 끝나 버리거든요.

그래서 많은 육아 전문가들은
아이가 엄마의 메시지를 잘 **인식**할 수 있도록
단호한 표정과 단호한 말투로
규칙을 정확하게 전달하라고 조언해요.

캡슐에 들어가야 할 **두 번째 처방은 동기**예요.

아이는 엄마의 반복된 훈육으로 인해
올바른 행동이 무엇인지 정확하게 알고 있더라도

본인이 좋아하는 것을 포기하며 왜 굳이 따라야
하는지 이유와 필요성은 모를 수 있어요.

그런 경우, 육아 이론인
타임아웃(엄마 말 안 들으면 생각 의자로 쫓겨나니까),
훈육 후 칭찬(규칙을 따르고 나면 뿌듯해지니까),
스티커 제도(약속을 지키면 선물을 받을 수 있으니까) 등은
아이로 하여금 엄마의 말을 들어야 하는
**동기**를 만드는 과정인 것이죠.

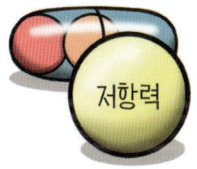

캡슐에 들어가야 할
**세 번째 처방은 저항력이에요.**

아이는 규칙과 원칙을
정확히 **인식**하고
충분한 **동기**를 가지고 있어도

너무나 간절한 욕구를
이겨 낼 **저항력**이 없어
일명 '알면서 부리는 고집'으로
규칙과 원칙을 지키지 않으려
버틸 수 있어요.

그래서 육아 전문가들은
아이 스스로 자신의 감정을 조절해서
중요한 가치를 지켜 내는 경험을
누적시켜 **저항력**을 키우도록 해야
한다고 강조하고 있어요.

훈육이 아이에게 부단히
스며들지 않을 때는

막연한 무언가에서 원인을 찾아
탓하기 전에

내 훈육 캡슐을 열어
혹시 세 가지 조건 중 빠진 것이 있는지
점검해 봐야 해요.

아이에게 전하고자 하는 메시지가
내 감정에 눌려 제대로 **인식**되지 않는 상태는 아닌지

규칙을 따라야 할
아무런 **동기**도 만들어 주지 않고
어른의 권위로 진압시키지는 않았는지

아이의 **저항**에
훈육 모드를 유지하지 못하고
감정적으로 쉽게 흔들리지는 않았는지

이 세 가지 모두를
차근차근 점검해 보세요.

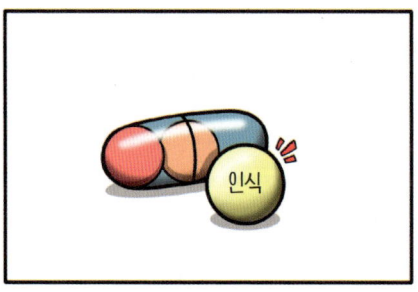

어쩌면 여러분의 육아는 전면 보수가 아닌
부분 보수만 필요할 수도 있거든요.

그럼 지금부터 일상에서 아이가
엄마 말을 무시할 때
엄마 말을 무조건 거부할 때
자꾸 말대꾸를 할 때
훈육이 필요한데 시간이 촉박할 때
아무리 말을 해도 아무것도 변하지 않는 경우 등등
훈육 캡슐 중 무엇이 빠져 있는지,
그리고 어떻게 대처해야 하는지 찬찬히 알아볼까요?

# CASE BY CASE
# 엄마 말을 무시할 때

## 첫째, 엄마를 무시하면서 얻게 되는 것

　인절미가 블록을 바닥에 던지면서 놀아요. 시끄럽기도 하고, 층간 소음이 신경 쓰이기도 해서 엄마는 그만하라고 이야기했죠. 그런데 인절미가 계속 블록을 던지는 거예요. 엄마는 그만하라는데 계속 던지는 인절미에게 슬슬 화가 나서 결국 등짝 스매싱을 날렸어요.

　자, 인절미는 엄마 말을 무시해서 등짝을 맞았으니 앞으로는 엄마가 하지 말라고 하면 금세 말을 들을까요? 정답은 아니오!예요. 반드시 또 엄마를 무시하고 하고 싶은 것에 열중하는 모습을 보일 거예요.

　이 에피소드 안에 인절미가 엄마 말을 무시하게 만드는 **엑기스 타임**이 숨겨져 있어요.

## 둘째, 엑기스 타임

Chatper 4의 진정 훈육을
엄마 말을 무시하고 있는 인절미에게 대입해 볼까요?

엄마가 하지 말라는 데도

인절미는 계속 블록을 던졌어요.

이때 인절미는 블록을 던지면서
조금 더 놀 수 있게 되었죠.

엄마 말을 무시함으로써 얻게 되는,
아이가 하고 싶은 것을 더 하게 되는
꿀같은 짧은 시간을 **엑기스 타임**이라고 해요.

어지른 것을 치우라며 엄마가 부르는데
아이는 아주 천천히 뭉그적거리며 기어 와요.
그 뭉그적거리는 시간
거실 치우는 일을 지연시키는 시간
그 시간도 **엑기스 타임**이 돼요.

절편이는 엄마가 부르는데
책을 보며 대답을 안 해요.

엄마의 부름을 무시함으로써 얻어 낸
잠깐의 책 보는 시간,
그 시간 역시 **엑기스 타임**이에요.

아이에게 TV를 끄라고 하는데
대꾸도 하지 않나요?
엄마 말에 대꾸하지 않음으로써 얻게 된
잉여의 TV 시청으로
아이는 달콤한 **엑기스 타임**을 즐기고 있어요.

일어나라고 10번 이야기해도 이불 속에서 뭉그적거린다고요?

일어나라는 소리 10번 듣는 동안
지각을 담보로 한
달콤한 **엑기스 타임**을 보내고 있기 때문이에요.

이렇게 아무리 목젖을 격렬히 흔들며
엄마 말을 무시하는 행동을 무력으로 진압해도
엑기스 타임이 있는 한, 엄마 말을 무시하는 행동은
반드시 다시 나타날 수 있어요.

### 셋째, 엑기스 타임 없애기

아이가 엄마 말을 너무 쉽게 못 들은 척한다면
그래서 목표가 아이로 하여금
최소한의 반응으로
예의를 지킬 수 있도록 하는 것에 있다면

소리를 지르거나 화를 내거나 포기하면서
엑기스 타임을 만들어 주는 게 아닌

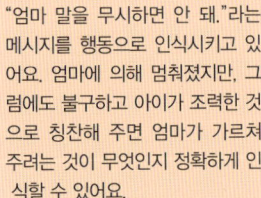

아이에게 바로 다가가서
블록을 던지려던 손을 잡아
엑기스 타임을 제로로 만들고

### 인식
"엄마 말을 무시하면 안 돼."라는 메시지를 행동으로 인식시키고 있어요. 엄마에 의해 멈춰졌지만, 그럼에도 불구하고 아이가 조력한 것으로 칭찬해 주면 엄마가 가르쳐 주려는 것이 무엇인지 정확하게 인식할 수 있어요.

아이가 잠시 멈추는 순간을 놓치지 말고
엄마 부탁을 들어줘서 고맙다고 칭찬해 주세요.

그리고 "인절미야, 매트에서 놀래?"
같은 꽤 괜찮은 대안으로
아이의 욕구를 유지하게 함으로써

### 저항
아이에 따라서는 매트에서 절대 놀지 않을 수도 있고, 바닥에 블록을 던지며 저항하는 아이도 있을 거예요. 그럼 블록을 더 이상 가지고 놀 수 없도록 회수하되 "매트에서 놀 준비가 되면 얘기해 줘."라고 말한 후, 기다려 주세요.

엄마 말을 무시하는 것보다는
엄마와 협상했을 때
엑기스 타임이 보장되는 경험을 만들어 주세요.

### 동기
아이가 건강하게 자신의 놀이와 욕구를 유지할 수 있는 방법을 제안함으로써 엄마를 무시하던 행동을 중단하도록 돕는 동기를 만들어 주세요.

뭉그적거리는 아이 역시
바로 다가가서 일으켜 세움으로써
엑기스 타임을 없애고
장난감을 일부라도 즉시 치우도록 한 후,
엄마의 칭찬과 함께 맘껏 쉬도록 하는 것이
빠릿빠릿한 아이로 거듭나는 지름길이 돼요.

또한 아이가 책 보느라 엄마를 무시하면
바로 다가가 책 보는 것을 중단시킴으로써
엑기스 타임을 제로로 만들고,
책 보는 것이 중단되어 노여운 아이에게
"엄마가 부를 땐 대답해 줄래?"라고 원칙을 권해요.
아이가 그대로 따르면 대답해 줘서 고맙다고 하며
앞서 말한 1:9법칙을 적용하여
잠시라도 책을 볼 수 있도록 해 주면 효과적이에요.

TV를 그만 보라는 엄마 말을 무시하는 경우에도
TV 앞에 딱 서서 화면을 가려
엑기스 타임을 제로로 만들고
아이에게 원칙을 전달하는 것이 좋아요.

아침마다 이불 속에서 뭉그적거리는 사랑이의
엑기스 타임을 제로로 만들기 위해
사랑이를 깨울 때는
사랑이가 좋아하는 사과즙을 마시게 했어요.
시원한 사과즙을 마시자고 하면
자다가도 벌떡 일어나니까요.
이렇게 아이가 유지하고 있는 행동을
중단시키는 스킬을 학습 심리학에서는
**반응 가로막기**라고 해요.

## 넷째, 반응 가로막기의 효과

반응 가로막기가 반복되다 보면 엄마 말을 무시하는 것보다
엄마 말에 대답하는 것이 엑기스 타임을 더 오랫동안
누릴 수 있다는 것을 알게 될 거예요.

그때부터 아이는 '대답하기', '타협하기', '설득하기'와 같은
최소한의 반응을 예의 있게 보여 주기 시작할 거예요.

그럼 아이에게 기특함과 칭찬을 전해 주세요.

### 다섯째, 최종 목표는 부지런한 삶의 태도

나는 뭉그적거리는 것을 좋아해요. 하기 싫은 것을 미루고 휴식을 유지할 수 있는 기분 좋은 엑기스 타임이 주어지거든요. 그리고는 막판에 엑기스 타임을 즐긴 걸 후회하며 쫓기듯 일을 끝내곤 해요. 꼭 고치고 싶은 습관이지만 생각처럼 잘 지켜지지 않아요.

그래서 어릴 때 나타나는 뭉그적거림이 몸에 밴 습관이 되기 전에 엄마가 반응 가로막기를 통해 고쳐 주어야 한다고 생각해요. 이 반응 가로막기는 표면적으로는 엄마 말을 무시하는 행동을 개선시키기 위한 목적으로 아이에게 적용하지만, 근본적으로는 '어차피 해야 할 일이면 후딱하고 맘 편히 너의 시간을 즐겨.'라는 메시지가 담겨 있어요. 아이가 더 부지런한 삶의 태도를 가질 수 있도록, 엄마와의 소통에 있어 최소한의 예의를 지킬 수 있도록 일상에서 조금씩 연습시켜 주세요.

## CASE BY CASE ② 엄마 말을 무조건 거부할 때

### 첫째, 거부 대장 아얌이

우리 집 아얌이는 세 살 병에 걸려 (특히 아빠) 말을 안 듣던 시기가 있었어요. 쉬하자고 하면 도망가기, 입맛에 안 맞으면 고개 휙 돌리기, 치카치카 하자고 하면 싫다고 울기, 외출하는데 옷 입자고 하면 무조건 버티기 등등.

그런데 아빠는 평정심을 유지하며 아얌이가 **양치하기 위해, 외출 준비를 하기 위해, 쉬하기 위해 아빠에게 올 기회를 준 다음 제한 시간까지 오지 않으면 아예 무시하고 안 해 버렸어요. 그럼 죽도록 말 안 듣는 아얌이와 나만 남겨졌죠.** 한동안 이 문제는 우리 집에서 매일 일어나는 큰 고민이었어요.

매번 설득해야 했고, 매번 즐거움을 제공해야 했고, 매번 아얌이의 컨디션을 고려해야 했어요. 하지만 이런 노력에도 불구하고 다음 턴에는 바로 또 리셋되는 네버엔딩 스토리였지요. 그러다가 인내력이 바닥인 날엔 결국 억지로 제압해서 아이를 울리며 기저귀를 갈거나 양치를 시키거나 옷을 갈아입히기도 했었죠. 이렇듯 하루에도 몇 번씩 일어나는 일상의 사소한 거부를 어떻게 대해야 하는지 깊은 고민에 빠졌어요.

매일 하루에 세 번 아얌이에게 온갖 애교를 부리며 설득해서 겨우겨우 힘들게 기저귀를 갈고, 양치를 하고, 옷을 갈아입힌 후, 지쳐 널브러져 있던 어느 순간 깨달음이 왔어요.

'기저귀를 갈고, 양치를 하고, 옷을 갈아입는 것은 당연히 지켜야 하는 생활의 질서인데 나는 왜 아얌이에게 애타게 애원을 하고 있지? 오히려 내가 아얌이를 설득하고 애원해야 질서를 따르는 아이로 학습시키고 있는 것은 아닌가?'

12~36개월이면 조절 능력이 격하게 발달하는 시기인 만큼 기저귀 갈기, 양치하기, 옷 갈아입기 등의 대표적인 생활 질서는 일회적인 설득으로 겨우 할 일이 아니라 아이 스스로 받아들이고 따를 수 있도록 만들어 줘야 한다는 결론을 내렸어요. 그 이후부터 서서히 가르치기 시작했어요. 기저귀 갈기, 양치하기, 옷 갈아입기는 아얌이가 그때그때의 기분에 따라 하느냐 마느냐를 선택할 수 있는 옵션이 아니라 어느 순간에든 지켜야 하는 **생활의 질서**임을 말이죠.

### 둘째, 거부의 이유

뭘 하자고만 하면 무논리로 거부하고 보는 아이의 증세를 가장 많이 호소하는 시기는 만 1~2세 걸음마기예요.

chapter1에서 에릭슨이 말한 1~2세에 얻게 되는 힘 기억하나요?
바로 자율성이에요.

아이 입장에서는 내가 지금 하고 있는 것,
내가 지금 궁금한 것, 내 것, 나 등등
자유롭게 탐색하는 숙제에 집중하고 있는데
엄마가 양치하자고, 옷 입자고, 기저귀 갈자고 하면

자유로운 나를
자유롭고 싶은 나를
방해한다고 생각하는 것이죠.
함부로 한다고 말이에요.

이때 자신의 행동은 신념이 되어
격렬하게 거부해야 하는 만큼
'양치는, 기저귀 가는 것은, 옷을 갈아입는 것은
불쾌하고 불편한 것이야.'라고 왜곡해 버리게 돼요.
자신의 고집에 근거가 생기는 거지요.

## 셋째, 생활의 질서를 알려 주기 위한 답정너 훈육

제 계획의 포인트는 딱 두 가지였어요.
아얌이가 **규칙에 순응할 수 있는 환경을 만들어 주는 것**
그리고 그 안에서
아얌이가 **스스로 규칙을 받아들일 때까지 기다려 주는 것!**

**[step 1]**

아얌이가 하던 활동에는 방해가 되지 않도록
미리 원칙을 고지하고

약속한 때가 되었음에도 거부하면

**[step 2]**

아얌이를 놀잇감이 없는 방으로 데리고 갔죠.
그래야 다른 것에 시선이 분산되지 않고
엄마에게 오롯이 집중할 수 있거든요.

### [step3]

그리고 원칙을 전했어요.
기저귀는 아얌이 피부를 위해 꼭 갈아야 하는 것이고,
양치는 아얌이 치아가 아플 수 있어서 꼭 해야 하며
옷 역시 반드시 갈아입어야 하는 것이라고요.

엄마는 아얌이가 스스로 오길 기다릴 테니
준비가 되면 엄마에게 와 달라고 말이죠.

**인식**
아이가 짜증과 울음이 심할 때는 엄마가 가르치고자 하는 것을 인식하지 못해요. 잦아드는 순간마다 반복적으로 '네가 아무리 거부해도 이 원칙은 꼭 지켜야 하는 중요한 원칙'임을 알려 주세요.

그리고 아얌이가 엄마에게 집중할 수 있도록
문 앞에 앉아서
거부의 울음과 짜증이
잦아드는 순간마다
원칙만 반복해서 전했죠.

**저항**
아이가 방 밖으로 나가거나 장난감을 가지고 노는 등 훈육자를 제외한 곳에 관심을 돌리면 이 훈육은 실패예요. 놀거리가 없는 방의 문 앞에 앉아서 진정 훈육 패턴으로 아이의 울음과 짜증이 잦아들 때까지 기다려 주세요.

아얌이가 선택할 수 있는 옵션은 딱 두 개예요.
기저귀를 갈지 않고 방에 있을 것인가,
아니면 기저귀를 갈고 밖에 나가서
다시 재미있게 놀 것인가.

그 방에는 놀 것도 없고,
울어도 통하질 않으니
고집부릴 만큼 부리다가
결국 엄마에게 와요.

[step4]

그럼 이때 고퀄리티
육아 서비스를
제공해 주세요.

**동기 1**
기저귀(양치, 옷 입기 등등)를 갈면 훈육 상황에서 벗어나 자유롭고 즐겁게 놀 수 있다는 것이 지금 기저귀를 갈아야 하는 이유가 되는 것이죠.

"원하는 대로 하고 싶었을 텐데
질서를 지키기 위해 엄마에게 와 줘서 고마워."
라는 메시지를 담아서 말이에요.

질서를 지켰을 때 보상이 확실할수록
다음 턴에 아이의 저항이 줄어드는 것은
당연한 사실이겠죠?
질서를 따라 준 아얌이를 위해
진심으로 신나게 놀아 줬어요.

> **동기 2**
> 질서를 따르지 않았을 때는 심심한 방에서 엄마와 기싸움을 해야 하지만, 질서를 따랐을 때는 엄마와 즐겁게 노는 시간을 가질 수 있어요.

이 과정을 통해 아얌이는 세 가지를 배우게 돼요.

1. 기저귀 갈기는 꼭 해야 하는 것이고
2. 기저귀 갈기에 순응하는 것은 생각보다 별것 아니며
3. 기저귀를 갈았을 때 얻는 득은 아주 크다는 것을요.

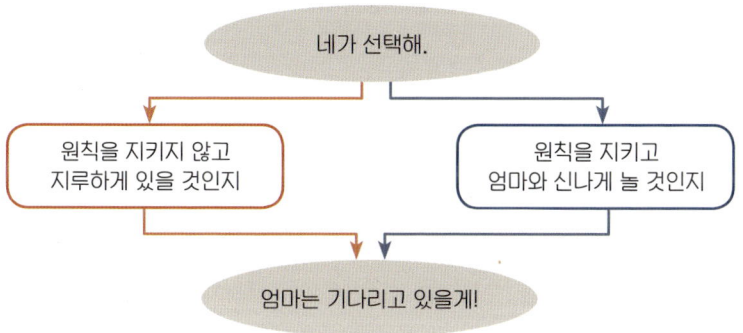

그러니 아이가 매번 일상적인 규칙을 거부해서
원칙이 흔들리는 상황이 된다면 이 공식에 원칙을 넣어 보세요.
원칙이라는 하드웨어를 지키면서
아이의 선택이라는 소프트웨어도 건강하게 채울 수 있게 될 거예요.

## 넷째, 그 후에 일어난 변화

그 후, 아얌이는 불필요한 고집을 내려놓기 시작했고 일주일도 안 된 어느 날, 기저귀 갈기, 양치하기, 옷 갈아입기 3종 세트에 매우 협조적인 모습을 보였어요.

전에는 기저귀 갈고 양치시키고 옷 갈아입히고 나면 진이 빠져서 쫓아내듯 어린이집에 보내거나 얼른 재웠어요. 그런데 지금은 생활에 질서를 지키는 데 전혀 에너지가 들지 않으니 그 에너지로 아얌이와 더 놀아 주거나 사부작사부작 장난을 치게 됐지요. 육아의 질이 훨씬 개선된 거예요.

기저귀 갈기, 양치하기, 옷 갈아입기와 같이 매일 마주하는 문제들은 안전한 환경에서 아이 스스로 불필요한 고집을 버리고 유익한 결론을 이끌어 낼 수 있도록 이끌어 주세요. 아이에게 쏟을 수 있는 육아 에너지의 총량은 정해져 있기 때문에 불필요한 실랑이에서는 체력을 아끼고, 진짜 에너지는 아이를 존중하고 사랑하는 데 쏟는 것이 좋은 육아의 지름길이 될 거예요.

## CASE BY CASE 3
# 자꾸 말대꾸를 할 때

### 첫째, 엄마를 지치게 하는 말대꾸

"선생님 저는 애가 미워요."

상담실을 찾은 송편이 엄마는 지친 표정으로 무겁게 입을 뗐어요. 단 한 번도 먼저 '예'라고 하는 일이 없고, 꼭 한 마디씩 토를 달며, 고집은 너무 세다면서 육아의 힘든 점을 한참 동안 하소연했죠.

그날 티타임에 데스크 선생님이 송편이 이야기를 했어요. 상담 전 대기실에서 게임을 딱 한 판만 하기로 약속하고 엄마의 핸드폰으로 게임을 시작했대요. 그런데 송편이가 엄마 몰래 게임을 더하려다 딱 걸린 거예요.

엄마는 약속을 지키라고, 핸드폰을 돌려달라고 하는데 송편이가 왜 만날 엄마 마음대로 하냐, 딴 애들은 다 하는데 왜 엄마만 안 된다고 하냐면서 엄청 말대꾸를 하고 고집을 부리다가 결국 엄마에게 크게 혼나고서야 상황이 종료되었다는 거예요. 엄마가 제게 왜 하소연을 했는지 더 잘 알 수 있었어요. 자연스럽게 흘러가야 할 일상의 매 순간, 이렇게 엄마의 말에 토를 달며 고집 부리고 화를 내고 소리를 지르는 아이. 엄마가 지칠 수밖에 없어요.

그렇다면 왜 아이들이 사사건건 말대꾸를 하는지,
어떻게 해야 효과적으로 대응할 수 있는지 알아볼까요?

### 둘째, 말대꾸의 이유

1. 나 기분 나쁘다.
2. 내 맘대로 하고 싶다.

아이가 엄마한테 말대꾸를 하면서 전하고 싶은
메시지는 '내 마음대로 하고 싶다.'예요.

원칙을 지키자.

이때 엄마가 원하는 메시지는
'원칙을 지키자.'예요.

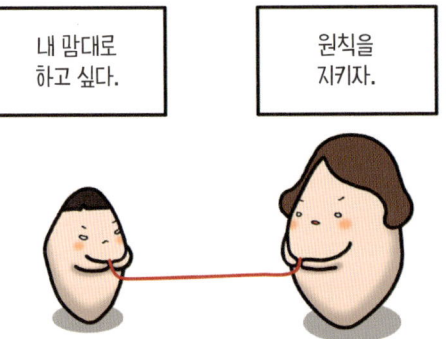

지금은 각자의 메시지가 흔들리면
불리해지는 팽팽한 대립 상황이에요.

그런데 아이가 자신의 메시지로 엄마의 원칙을 흔들었어요.
그랬더니 엄마는 '스마트폰 그만 보자.'라는 원칙을 놓치고
"무슨 말버릇이야?"라며 아이의 태도를 꾸짖었어요.
엄마의 원칙이 한 번 흔들렸어요.

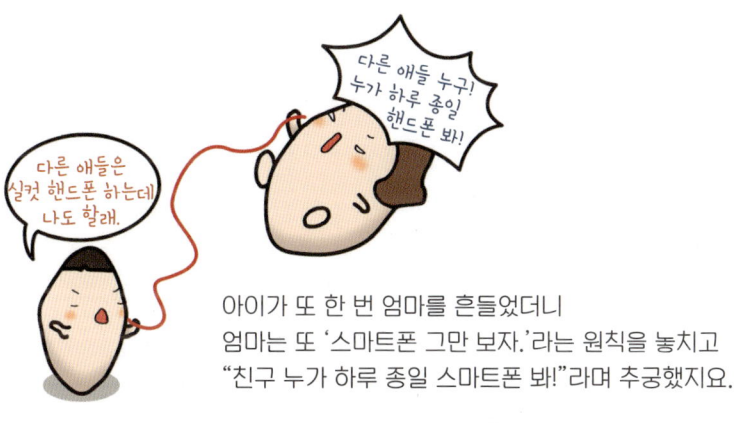

아이가 또 한 번 엄마를 흔들었더니
엄마는 또 '스마트폰 그만 보자.'라는 원칙을 놓치고
"친구 누가 하루 종일 스마트폰 봐!"라며 추궁했지요.

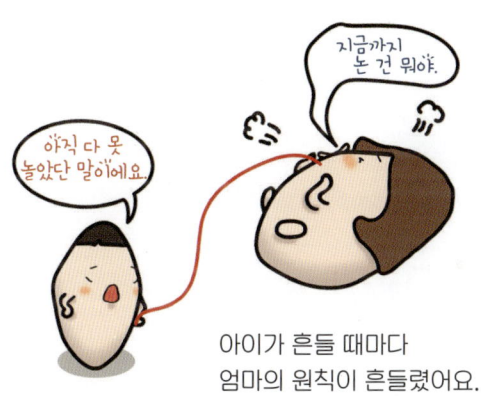

아이가 흔들 때마다
엄마의 원칙이 흔들렸어요.

그러다 어느 순간부터
'스마트폰 그만 봐야 한다.'는 엄마의
메시지는 삼천포로 빠져서
아이의 말대꾸에 대응하다 끝나 버렸죠.

아이의 말대꾸는 엄마를 흔들기 위해서예요.
원칙까지 흔드는 데
말대꾸만큼 좋은 무기가 없거든요.

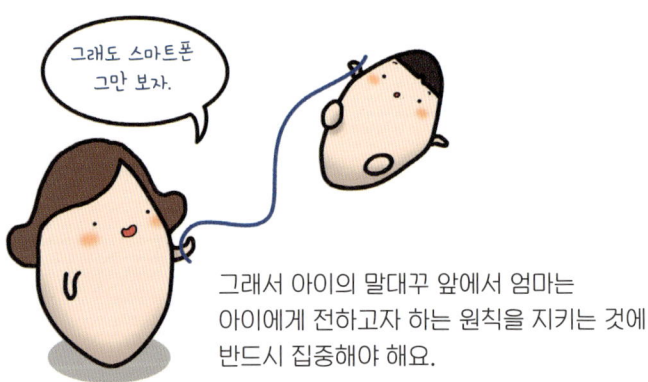

그래서 아이의 말대꾸 앞에서 엄마는
아이에게 전하고자 하는 원칙을 지키는 것에
반드시 집중해야 해요.

### 셋째, 말대꾸 대처법(당기기 훈육)

아이의 말대꾸에 흔들림 없이 대처하는 방법은 간단해요.

**인식**
아이의 말대꾸에 감정적으로 흔들리지 말고 오직 원칙을 반복해서 전해 주세요.

고장 난 레코드처럼 아이가 무슨 말을 하든 아이에게 전하고자 하는 원칙을 반복하는 것이죠.

**동기**
아이가 예의 있게 엄마에게 부탁하거나, 설득할 때는 당기기 훈육을 멈추고 아이와 소통해 주세요. 아이 입장에서 '예의 없게 말대꾸를 하면 엄마가 들어주지 않지만 예의 있게 부탁하면 귀 기울여 준다.'라는 건강한 공식이 생길 수 있도록요.

아이의 어떠한 말대꾸에도 간결하고 의연할수록, 메시지가 반복되면 반복될수록 아이의 고집을 흔들게 될 거예요.

문제는 이런 방법으로 아이의 고집을 꺾을 수는 있지만 아이에 따라서는 자기 말을 들어주지 않는다고 더 불같이 화를 낼 수도 있어요.

말대꾸가 특별히 버릇 없지 않다면
아이의 끝말을 따라 하며 메시지를 보내세요.

**저항**
끝말을 따라 하는 것은 상담 심리학의 재진술법을 응용한 거예요. 아이로 하여금 엄마가 자신의 이야기에 귀 기울이고 있다는 인상을 주기 때문에 저항이 훨씬 덜해요.

"네 생각을 듣고 있어."

"네 마음을 잘 알아."

아이의 끝말을 따라 하며
잘 포장해서 전달하는 거예요.

나쁜 예

좋은 예

아이의 말대꾸에 대한 나쁜 예와 좋은 예를
비교해 보면 더 잘 이해될 거예요.

### 넷째, 타협을 배우는 과정

　말대꾸의 당기기 훈육법을 적용한 엄마들은 자신들의 경험을 자주 이야기해요. 처음에는 원칙을 앞세워 일방적인 순응을 요구하는 건 아닐까 조심스러웠는데, 어느 순간 아이들이 원칙 안에서 원하는 것을 요구하고 원칙에 순응하는 일이 잦아졌다는 것이죠.

　예를 들어 오늘은 스마트폰으로 만화 한 편만 봐야 한다는 원칙으로 당기기 훈육을 한 인절미는 엄마에게 핸드폰을 돌려주면서 "대신 집에 가서 TV 조금만 보게 해 줘!"라고 했고, 밤에는 늦지 않게 잠을 자야 한다는 원칙으로 엄마와 설전을 벌이던 아이는 "그럼 딱 10분만 놀고 잘게."라고 했다는 것이죠.
　싫어하는 야채를 왜 먹어야 하냐며 말대꾸하던 아이는 그래도 야채는 먹어야 한다는 당기기 훈육 후, "그럼 오이만 먹을게. 시금치는 빼 줘."라고 했고, 미세 먼지가 심해서 놀이터에서 놀 수 없다는 원칙을 두고 실랑이하던 아이는 "그럼 집에 갈테니 TV 보여 줘."라고 했다고 합니다.

　이것이 바로 **타협**이에요. **원칙은 지키면서 내가 원하는 욕구를 현실적으로 조정하는 것,** 당기기 훈육의 종착지는 복종이 아닌 타협임을 잊지 마세요.

# CASE BY CASE ④ 훈육이 필요한데 시간이 촉박할 때

### 첫째, 어린이집 안 갈 거야!

어린이집에서 산타 할아버지의 선물을 받은 다음날 아침, 아얌이는 그 장난감을 가지고 노느라 정신이 팔려 있었어요. 어린이집에 갈 준비를 하자고 했지만 더 놀 거라며 버텼지요. 실랑이가 길어져 결국 등원 시간을 훌쩍 넘겨 억지로 원에 데려다 주었어요. 그렇게 그 날의 에피소드는 끝난 줄 알았는데 다음날 또 장난감을 가지고 놀 거라며 뭉그적거리는 거예요. 장난감을 더 가지고 놀 수 있도록 기다려 주었지만 출근할 시간이 되어도 도무지 끝나지를 않았어요. 결국 출근 시간이 임박해서야 격렬히 저항하는 아얌이를 억지로 옷 입혀서 짐짝처럼 들고 어린이집에 내려놓았죠.

직장을 향해 차를 운전하면서 시간에 쫓겨 아얌이를 함부로 대했다는 어마어마한 자괴감이 들었어요. 그런데 다음날에도 아얌이는 장난감을 가지고 놀며 뭉그적거리고, 나는 시간에 쫓겨 헉헉댔어요.

훈육을 하기에는 너무 바쁜 시간, 하지만 아이에게 훈육을 할 수밖에 없는 행동이 나타난다면 어떻게 해야 할까요?

## 둘째, 버텨서 얻게 되는 것

처음 등원을 거부하던 그날
아얌이는 나와 대차게 실랑이를 했고
결국 혼이 났지만 그럼에도 불구하고
안 가겠다고 버텨서 얻은 것이 생각보다 많아요.

첫째, 버틴 시간만큼
산타 할아버지가 준
장난감으로 놀 수 있었어요.

둘째, 버텼기 때문에 원하는 대로
원에 늦게 갈 수 있었을 뿐 아니라
어린이집 차를 타는 것이 아닌,
엄마와 가는 보너스까지 얻었죠.

시간이 촉박한 상황에서 훈육을 하게 된다면
아이가 촉박한 시간을 버텨서 얻게 되는 득이 없어야 해요.

어린이집에 제시간에 가는 것은 약속이에요.
특별한 문제가 없는 한 꼭 지켜야 하죠.
하지만 아얌이는 그 약속을 지키기 위해
무조건 시간을 맞추는 것이
강요 같아서 불편해요.

그래서

원에 제시간에 가야 한다는 큰 틀은 유지하되,
그 틀을 아얌이 스스로 선택할 수 있도록
답이 정해져 있는 선택지를
제공하는 전략으로 접근했어요.

### 셋째, 선택과 존중의 공존, 양자택일법

> 원칙

우선 시간 안에 지켜야 할 원칙을 기본으로 세팅해요.

> 맛있는 원칙

그리고 그 원칙을 보다 유쾌하게 지킬 수 있도록
양념을 뿌리는 **맛있는 원칙**을 구상해요.

| 원칙 | 맛있는 원칙 |
|---|---|
| 어린이집에 가야 한다. | 간식을 먹고 어린이집에 간다. |

예를 들어 어린이집에 다니는 아얌이에게
어린이집에 가야 하는 것은 **원칙**이에요.
마침 아얌이는 사과를 좋아해요.
그래서 사과 간식을 먹고 어린이집에 가는 것을
**맛있는 원칙**으로 구상했어요.

| 원칙 | 맛있는 원칙 |
|---|---|
| 어린이집에 그냥 간다. | 진정하면 산책하고 어린이집에 간다. |

어린이집 앞에서 안 들어가려는 아이의 경우라면
어린이집에 들어가는 것은 원칙,
잠시 산책을 하고 들어가는 것은
맛있는 원칙이 되는 것이죠.

이러한 원칙을 아이에게 차분히 전해 주세요.

**인식**
아이가 울거나 거부가 심하면 마음이 약해질 수 있는데, 그렇게 되면 엄마의 원칙이 아이에게 전혀 전달 되지 않고 뭉개져요. 아이의 마음은 알아주되 원칙은 명확히 전해 주세요.

그리고 선택지도 주세요.
목표는 하나예요.
아이로 하여금 원칙을 스스로 지켜 내도록 하는 것이죠.

물론 아얌이는 처음에는
두 개의 선택지를 모두 거부했어요.

하지만 다시 한 번 침착하게
지금은 원칙을 꼭 지켜야 하는 상황임을
설명하며 두 가지 원칙 중 하나를
선택하도록 제안했죠.

**저항**
선택하지 않거나 무조건 거부하면
모든 협상이 결렬되는 것이죠.

그럼에도 불구하고 아얌이가
답을 안 하고 거부해서
더 이상은 시간에 휘둘리지 않도록
서서히 옷을 입히며 원칙을 지킬 준비를 시켰죠.

저항하는 아얌이에게 옷을 입히며 재차 물어보았어요.
그냥 갈지, 아니면 맛있는 사과를 먹고 갈지.

하지만 아얌이는 끝까지 거부했고,
우는 아얌이를 그대로 등원시켰어요.

전날과 비슷한 상황이었지만
자괴감은 들지 않았어요.

훨씬 나은 선택을 할 수 있는 기회를 충분히 주었고
아얌이는 그 기회를 스스로 선택하지 않은 것뿐이며,
어린이집은 아무리 놀고 싶어도, 제시간에 가야 한다는
원칙을 확실하게 가르쳐 주었으니까요.

다음날도 비슷한 상황이었어요. 또 두 가지 선택지를 제공했고 아얌이는 거부했죠.

다시 옷을 챙겨 와 의연히 입히자 아얌이가 전날의 기억을 떠올리며 아주 급하게 맛있는 원칙을 잡았어요. 거부가 급격히 줄어든 거죠.

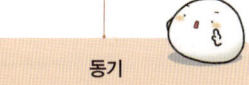

**동기**
무조건 거부하면 불리한 선택지만 남겨질 수밖에 없기 때문에 감정을 조절하고 원칙 안에서 가장 자신에게 유리한 선택을 해야 한다는 동기가 생겨요.

나는 아얌이에게 기특함과 고마움을 표현했고 아얌이는 맛있는 사과를 먹고 기분 좋게 등원했어요.

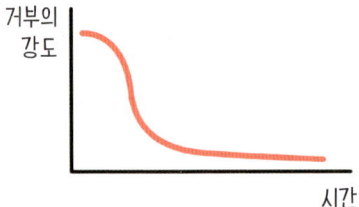

이후로 그 행동은 나타나지 않았어요.

이 과정을 통해 아얌이는
꼭 지켜야 하는 원칙이 있다는 것

그리고 시간은 더 이상 무기가
될 수 없다는 것을 배운 거예요.

## 넷째, 급할수록 돌아가라는 의미

    옷 안 입겠다고, 더 놀겠다고 뻗대는 아얌이를 챙기며 허둥지둥 외출 준비를 하는 나를 보고 당시 유행하는 속담 책에 빠져 있던 사랑이가 "엄마 급할수록 돌아가래."라는 말을 한 적이 있어요.

    사랑이의 조언에 혼자 빵 터져서는 이 말을 만든 선조가 분명 유복한 양반일 거라고 생각했었죠. 자식 외출 준비시키는 거야 아랫사람의 품을 빌리면 되는 것이고, 늦어지는 상황이 되면 본인이 바쁜 게 아니라 아랫사람들이 양반이 탄 가마를 들고 죽을 힘을 다해 뛰면 되니 저런 속 편한 소리를 한다고 말이죠.

    하지만 촉박한 시간에 아이를 재촉하다 몇 번의 시행착오가 생기다 보니 급할수록 돌아가라는 말은 그저 천천히 가라는 말이 아닌, 급해도 가장 중요한 것은 놓치지 말라는 뜻임을 깨달았어요. 촉박한 시간을 두고 아이를 훈육할 때 가장 중요한 것은 사회적으로 약속된 시간을 지켜야 한다는 원칙뿐 아니라 그 약속을 지켜 내는 것을 아이 스스로 선택할 수 있는 기회를 주는 것임을 말이에요.

## 일상에 가르치는 훈육 녹이기

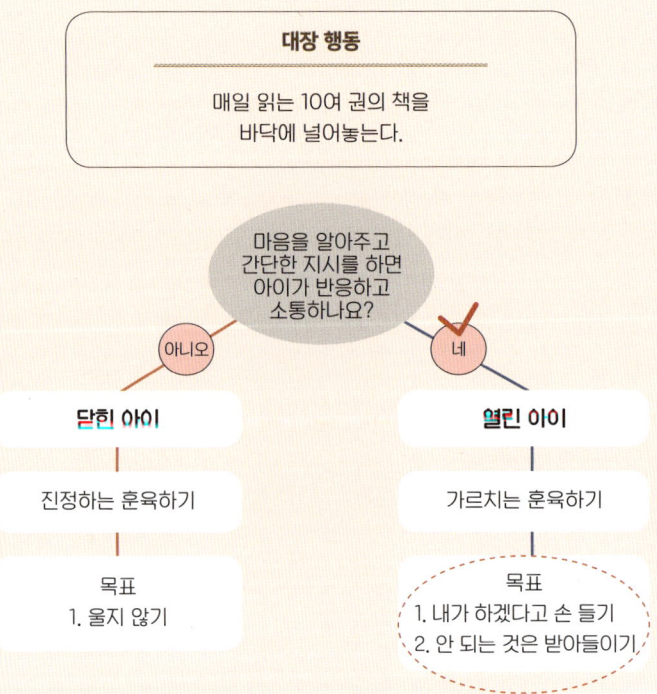

위는 Chapter2에서 정리한 사랑이의 대장 행동이에요.

사랑이는 훈육 상황에서도 충분히 대화가 가능한 **열린 아이**였으므로 **책을 읽고 자리에서 일어날 때, 책은 바로 정리한다**를 가르쳐 주기로 했어요. 지금부터 사랑이에게 스스로 정리하는 습관을 효과적으로 알려 주는 방법을 알아볼 거예요.

## 첫째, 준비하기

1. [인식] 우리 아이에게 가르쳐 주고자 하는 원칙은 무엇인가요?

> 책을 다 읽고 나면 제자리에 놓기

2. [동기] 엄마의 가르침을 수용했을 때, 아이가 얻게 되는 득은 무엇인가요?

> - 정리를 한 뿌듯함을 느낄 수 있어요.
> - 다음 책을 읽거나 놀이를 할 수 있어요.

3-1. [저항] 엄마의 메시지를 듣고 아이는 어떤 반응을 보이나요?

> 주로 바로바로 치우는 편이긴 하지만
> 종종 못 들은 척하거나, 왜 지금 치워야 하냐고 투정을 부리곤 해요.

3-2. [저항] 이때 엄마가 아이에게 쓸 수 있는 방법은 무엇인가요?

> ◯반응 가로막기◯ / ◯당기기 대화◯ / 맛있는 원칙 / 양자택일법 / 기타

## 둘째, 적용하기

**준비된 내용으로 훈육 시뮬레이션을 작성해 보세요.**

> **훈육 시뮬레이션 작성법**
> 1. 아이가 진정하지 못할 때 보낼 메시지를 적어 보세요.
> 2. 아이가 보일 반응을 예측하며 어떻게 반응할지 적어 보세요.
> 3. 아이가 메시지를 따르는 순간까지 어떻게 반응할지 같은 방식으로 적어 보세요.

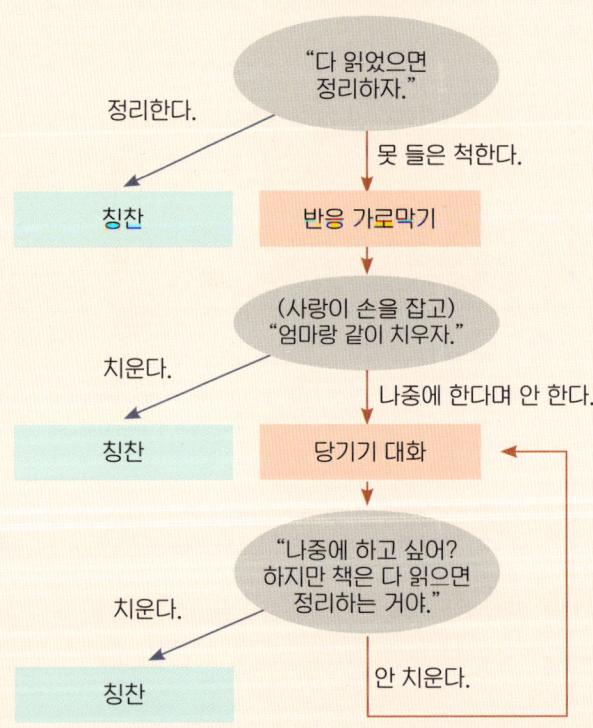

## 셋째, 점검하기

**훈육 후, 다음을 점검해 보세요.
내 훈육에서 무엇이 더 필요한지 확인할 수 있어요.**

---

**[인식]**
아이는 엄마가 무엇을 가르쳐 주려고 하는지 알고 있나요?

① 전혀 몰라요 - ② 잘 몰라요 - ③ 아는 듯해요 - ④ 알고 있어요 - ⑤ 잘 알아요

---

**[동기]**
엄마의 가르침을 수용했을 때 아이가 얻게 되는 득이 있나요?

① 전혀 없어요 - ② 별로 없어요 - ③ 보통이요 - ④ 있어요 - ⑤ 매우 있어요

---

**[저항]**
아이의 저항을 흔들림 없이 견디며 원칙을 지켜 냈나요?

① 완전 흔들렸어요 - ② 약간 흔들렸어요 - ③ 보통이요 - ④ 원칙을 지켰어요 - ⑤ 매우 잘 지켰어요

---

1번 쪽으로 갈수록 훈육 성공율이 낮고,
5번 쪽으로 갈수록 훈육 성공율이 높아요.

영국 런던대학교의 필리파 랠리 교수 연구에 의하면, 인간의 어떤 행동이 습관으로 잡히려면 평균 66회에 걸쳐 반복되어야 한다고 해요. 두 달 프로젝트로 계획해 주세요.

## 어른의 조건

한 방송 프로그램에서 엄청난 공격성을 자랑하는 아이를 만난 적이 있어요. 만나는 선생님, PD님, 작가님 가리지 않고 거침없이 때리고 침을 뱉는다는 말을 여러 번 들은 터라 솔직히 겁이 났죠. 그래서 뭔가 현실적인 대응책이 있어야겠다는 생각에 상담실에서 지도하던 속칭 '노는' 아이들에게 도움을 요청했어요. 워낙 어른들을 무서워하지 않던 녀석들이니 그 아이의 마음을 조금이라도 알지 않을까라는 생각에 말이죠. 그런데 아이들은 하나같이 똑같은 말을 했어요.

솔직히 어른들 하나도 안 무섭고, 차라리 동네 형이 더 무섭다고. 자신들이 조금만 까불어도 어른들이 금방 붉으락푸르락하는 것 솔직히 웃긴다며, 어른들이 화를 내면 살짝 겁먹은 표정 짓고 가만히 있으면 다 지나간다고 말이죠. 사실 아이를 바르게 지도하기 위한 어른들의 노력이 아이들 눈에는 우습게 비춰졌다는 것이 적잖게 충격이었어요.

※ ※ ※

언젠가 유튜브에서 터미널 한복판에서 한 여학생이 욕을 하고 고성을 지르는 장면을 우연히 봤어요. 여학생이 정치인 욕을 하며 소리를 지르자 경비 아저씨가 주의를 줬어요. 그러자 이번에는 여학생이 경비 아저씨를 향해 앞뒤 없이 자기를 왜 때렸냐며 트집을 잡기 시작했어요.

기가 막힌 아저씨는 언제 때렸냐며 어이없어 했어요. 하지만 여학생이 아저씨 눈을 똑바로 쳐다보며 왜 때렸냐고 계속해서 주장하자 아저씨는 서서히 얼굴이 빨개지기 시작했어요. 다른 경비원을 불렀다가, 법 조항을 읊었다가, 말이 꼬였다가 결국에는 여학생을 향해 고성을 질러 버렸죠. 누가 봐도 경비 아저씨가 여학생에게 휘둘리는 모양새였어요. 그 장면을 보며 조용히 읊조렸죠.

"휴, 아저씨…… 완전 지셨네."

※ ※ ※

누군가 나에게 어떤 아이가 가장 다루기 어려우냐는 질문을 하기에 "여유 있고 편안하게 웃으면서 내 말을 무시하는 아이가 제일 어려워요."라고 대답했어요. 자지러지게 우는 아이는 내 결정에 컨트롤되고 있는 상태지만, 편안하게 웃으며 내 말을 무시하는 것은 이미 내 영향력에서 벗어나 있다는 의미거든요.

아이가 6~7세가 되면 울음 떼는 많이 사라지겠지만 아주 의젓하게 엄마와 기싸움하려 드는 상황을 마주하게 될 거예요. 그 순간, 속칭 노는 아이들이 우습다고 말한 '꼰대 어른'이 되지 않기 위해, 또한 정의감에 나섰다가 감정적으로 휘말려 들어간 '터미널의 경비 아저씨'가 되지 않기 위해서는 노여운 마음을 잠시 추스르고 훈육 캡슐을 점검해 보세요.

우리 아이는 내가 가르쳐 주려고 하는 것이 무엇인지 정확하게 인식했는지, 그것을 해야 할 동기를 제대로 불어넣어 주었는지, 안 지키겠다고 거부하는 순간에도 나는 흔들림 없이 원칙을 지켜 내고 있는지…….

매일 고군분투하는 여러분의 훈육 스코어가 점점 높아지길 진심으로 응원해요. 그리고 우리 모두가 아이들 눈에 '참 좋은데 만만하지는 않은 어른'이 되길 바랍니다.

 **에필로그**

## 욕심

꽤 오랜 시간 SNS를 해 왔습니다.
덕분에 제법 많은 콘텐츠를 쌓을 수 있었습니다.
책을 내기에 좋은 지름길이 뚫려 있는 셈이었지요.

하지만 책에서는 단편적인 육아 솔루션이 아닌
육아에 관한 전체적인 흐름과 변화에 대해 알려 주고 싶었습니다.
육아 고민이 있을 때, 책에서 단순한 결론만 얻는 게 아닌
실제 육아에 접목할 수 있는 방법과 대안을
제시해 주고 싶었기 때문입니다.

## 후회

책을 쓴다는 것은 콘텐츠만 있다고 가능한 게 아니었습니다.
3년 동안 원고를 수없이 쓰고 지우는 것을 반복했습니다.
아는 것을 쏟아 내는 것은 쉬운 것 같았지만
읽는 이에게 현실성 있게 적용할 수 있는 논리적인
알고리즘을 만들어 내는 것은 눈물 쏙 빠지게 어려웠습니다.

컴퓨터를 끄고 바닥에 넙치처럼 엎드려 있다가도
다시 일어나 컴퓨터를 켰습니다.
그렇게 마음과 마음이 싸우며 계절이 지나갔습니다.
그리고 어느새 여기, 에필로그 페이지에 와 있습니다.

## 감사

SNS 댓글에서 가장 많이 듣는 말이 고맙다는 말입니다.
눈으로는 댓글 하나하나를 조용히 읽고 있지만
마음속에선 수많은 감정과 생각들이 일어납니다.
나에게 질문을 해 줘서 고맙습니다.
나에게 아이의 대한 이야기를 공유해 줘서 고맙습니다.
나를 믿어 줘서 고맙고, 나를 필요로 해 줘서 고맙습니다.
나에게도 이 시간들이 성장할 수 있는 기회를 갖게 되었다고
말하고 싶습니다.

사랑하는 아이들은 벌써 여섯 살, 열한 살이 되었습니다.
책을 쓰느라 아이들에게 소홀할 수 있었던 시간들을
아이들은 씩씩하고 건강하게 자라 주었습니다.

미안하다고, 사랑한다고 앞으로 더 많은 시간을
함께하는 엄마가 되겠다고 다짐해 봅니다.
그리고 독박 육아 전문 워킹 대디로 살아온 남편에게도
고맙다는 말을 전합니다.
늘 한결같은 모습으로 응원하고 지원해 준 부모님 고맙습니다.


끝으로 출판사 사장님, 편집장님, 도움 준 친구들과
하나님께 감사의 마음을 전하고 싶습니다.
이 고마움을 전하는 가장 큰 보답은
지금처럼 나답게 열심히 살아가는 것이라고 생각합니다.
그렇게 살아갈 것입니다. 꽤, 넉넉하고 쓸모 있는 사람으로.

아이의 떼 거부 고집을
# 다.루.다

1쇄 발행  2019년 3월 19일
28쇄 발행  2025년 4월  1일

글·그림  정유진
발행인  한아름

기획·편집  에듀웰
디자인  호기심고양이
채색  조은경  sion2001@hanmail.net

발행처  (주)엔세임
출판등록  제406-2016-000019호
주소  경기도 파주시 직지길 438 동관 2층
이메일  misterj0407@naver.com

값 15,800원
ISBN 979-11-966307-0-6  03590

* 이 책의 내용을 무단복제하는 것은 저작권법에 의해 금지되어 있습니다.
* 파본이나 잘못된 책은 구입하신 곳에서 교환해 드립니다.

출판을 원하시는 소중한 원고를 이메일 주소(misterj0407@naver.com)로 보내주시면
출간 검토 후, 한 글자 한 글자 정성을 다해 만들어 나가겠습니다.

찹쌀떡가루의 떡육아 프로젝트
훈육편

# 아이의 떼 거부 고집을 다루다

정유진 글·그림

별책 부록
실전 육아
워크북

막막한 육아, 시원하게 해결하는 기적의 훈육 레시피

Mr.J

찹쌀떡가루의 떡육아

# 이론 및 실제

찹쌀떡가루의 캐릭터 절편이의 문제 행동을 대상으로 진단한
훈육 프로세스입니다. 진단하는 과정을 잘 살펴보세요.

## 훈육할 것인가? 존중할 것인가? 훈육 거름망에 거르기

**훈육 거름망**이란
존중할 것과
훈육할 것을 나누는
**기준**입니다.

**훈육 거름망의 3가지 조건**은

**첫째, 안전**
위험한가요?

**둘째, 예의**
다른 사람에게 피해를 주나요?

**셋째, 적응**
기관에서 같은 행동을 했을 때 문제가 될 수 있나요?

## 절편이 행동, 훈육 거름망에 거르기

절편이의 문제 행동을 훈육 거름망 차트에 넣어 걸러 봅니다.

**절편이 (남, 4세)**
- 식사 중에 음식을 손으로 만진다.
- 달걀을 안 먹는다.
- 어른에게 인사를 시켜도 쭈뼛거리며 안 한다.
- 조금만 마음에 들지 않아도 하루 종일 징징거린다.
- 길에서 엄마 손을 잡지 않고 혼자 냅다 뛰곤 한다.

**위험한가요?**

**예 → 훈육**
- 길에서 엄마 손을 잡지 않고 혼자 냅다 뛰곤 한다.
  (놀이터같이 안전한 공간이면 문제가 되지 않지만 찻길 근처나 사람들이 많은 곳은 사고 위험이 있어요.)

**아니요 → 존중**
- 식사 중에 음식을 손으로 만진다.
- 달걀을 안 먹는다.
- 어른에게 인사를 시켜도 쭈뼛거리며 안 한다.
- 조금만 마음에 들지 않아도 하루 종일 징징거린다.

**다른 사람에게 피해를 주나요?**

**예 → 훈육**
- 조금만 마음에 들지 않아도 하루 종일 징징거린다.
  (온종일 아이가 징징거리면 엄마도 사람인지라 짜증이 나고 아이가 버거워질 수밖에 없어요.)

**아니요 → 존중**
- 식사 중에 음식을 손으로 만진다.
- 달걀을 안 먹는다.
- 어른에게 인사를 시켜도 쭈뼛거리며 안 한다.

```
         ┌─────────────┐
         │  기관에서    │
         │ 같은 행동을 했을 때 │
         │ 문제가 될 수 │
         │   있나요?    │
         └─────────────┘
         예 ↙         ↘ 아니요
   훈육                    존중
```

- 식사 중에 음식을 손으로 만진다.

  (만약 아이가 다니는 어린이집에서 이런 행동을 하면 선생님이 분명 제지할 거예요. 따라 하는 친구가 생길 수도 있고요.)

- 달걀을 안 먹는다.

  (단백질은 계란이 아닌 두부, 고기 등으로도 충분히 섭취할 수 있어요.)

- 어른에게 인사를 시켜도 쭈뼛거리며 안 한다.

  (4살 아이가 부끄러워 인사를 하지 않더라도 누구도 불쾌해 하지 않고, 문제 행동으로 보지 않아요. 통상 6살 즈음 되면 인사하지 않는 행동에 대해 어른들의 지적이 들어온다고 해요.)

## 훈육 거름망을 통해 걸러진 훈육해야 할 행동과 존중해야 할 행동

**훈육해야 할 행동**

- 길에서 엄마 손을 잡지 않고 혼자 냅다 뛰곤 한다.
- 조금만 마음에 들지 않아도 하루 종일 징징거린다.
- 식사 중에 음식을 손으로 만진다.

**존중해야 할 행동**

- 달걀을 안 먹는다.
- 어른에게 인사를 시켜도 쭈뼛거리며 안 한다.

## 훈육해야 할 행동 중 대장 행동 찾기

**대장 행동**은
아이를 가장 쉽게 변화시킬 수 있는 행동입니다.
대장 행동을 선택하고
이 행동을 집중 공략해서 변화를 이끌어 낼 수 있으며,
대장 행동은 **당장** 신경 써야 하는 육아 목표입니다.

**졸병 행동**은
대장 행동 외의 훈육해야 할 행동으로
나중에 훈육해도 되는 행동입니다.
졸병 행동은 변화시켜야 하는 행동이지만
당분간은 내려놓고 신경 쓰지 않아도 됩니다.
졸병 행동은 **언젠가** 변화시켜야 하는 육아 목표입니다.

**대장 행동을 정하는 3가지 우선순위**는
① 엄마와 함께 있을 때 일어나는 일인가?
② 집에서 일어나는 일인가?
③ 얼마나 자주 일어나는 일인가?

## 절편이의 대장 행동 찾기

훈육해야 할 행동을 적고 3가지 우선순위에 알맞게 표시합니다.

| 고민 | 엄마와 | 집에서 | 자주 일어나는 순서 |
|---|---|---|---|
| • 길에서 절대 엄마 손을 잡지 않고 혼자 냅다 뛰곤 한다. | O |  | ③ |
| • 조금만 마음에 들지 않아도 하루 종일 징징거린다. | O | O | ① |
| • 식사 중에 음식을 손으로 만진다. | O | O | ② |
|  |  |  |  |

**대장 행동**
1. 조금만 마음에 들지 않아도 하루 종일 징징거린다.

**졸병 행동**
2. 식사 중에 음식을 손으로 만진다.
3. 길에서 엄마 손을 잡지 않고 혼자 냅다 뛰곤 한다.

## 맞춤형 훈육 매칭하기

**닫힌 아이**는
대화가 안 될 정도로 떼를 부리고 울며
감정의 뇌에 곧바로 매몰되어 버리는 아이입니다.

닫힌 아이는 흥분하는 순간 마이 웨이 상태로 진입해
전혀 소통이 되지 않고, 어떤 설득도 먹히지 않습니다.
주로 36개월 이전 아이들에게 나타납니다.

**열린 아이**는
조금이라도 이성이 감정을 다룰 힘을 가진 아이입니다.

열린 아이는 흥분하거나 짜증이 나 있는 상태에서도 소통이 가능하고,
엄마의 설득을 자신의 욕구와 저울질하는 것도 가능합니다.
주로 36개월 이후 아이들에게 나타납니다.

**훈육 매칭**이란
아이의 조절 상황과 훈육의 난이도를 잘 매칭하는 것을 말합니다.
문제 행동에 대하여 마음을 알아주고 간단한 지시를 하여
아이가 소통하지 못하면 진정 훈육을,
소통이 가능하면 가르치는 훈육을 하도록 매칭합니다.
즉, 닫힌 아이는 진정 훈육, 열린 아이는 가르치는 훈육이 필요합니다.

# 절편이 훈육 매칭하기

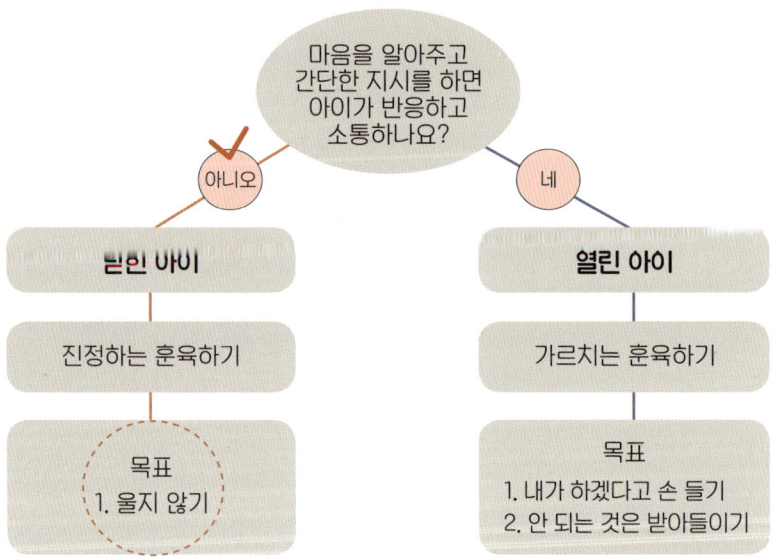

훈육 매칭에 체크한 결과
절편이는 진정 훈육이 필요합니다.

# 진정 훈육하기

**진정시키는 패턴**은
울면 기다림 모드,
울지 않으면 관심 모드

**진정 훈육의 히든카드**는
표정, 메시지, 보상입니다.

### 1. 표정
죽을 듯 떼쓰며 우는 아이를 향해 아주 느긋하고 편안한 모습을
'의도적'으로 보여 줍니다.

### 2. 메시지

| Level | 메시지 | |
|---|---|---|
| Level 1 | 떼 울음이 통하지 않는 상황임을 알려 주는 메시지 | 엄마한테 오세요.(이것 주세요.) |
| Level 2 | 격해진 감정을 스스로 진정시키는 메시지 | 울지 않고 와 줄래? |
| Level 3 | 원하는 것을 울음이 아닌 언어로 전달하게 하는 메시지 | 울지 않고 얘기해 줄래? |

### 3. 보상
진정하면 원하는 것을 아주 소량이라도 '되도록' 주어야 하며,
보상의 1:9 법칙을 적용하는 것도 효과적입니다.
아이가 요구하는 것의 1/10 만큼을 칭찬과 함께 줍니다.

# 절편이의 징징거림 진정 훈육하기

1. [준비] 진정 훈육 시, 필요한 사항을 아래 카드 안에 넣어 보세요.

| 표정 | 메시지 | 보상 |
|---|---|---|
| 살짝 미소 지으며 스마트폰 보는 척하기 | "엄마한테 오세요." 라고 말하기 | 스스로 하고 싶은 것 스스로 할 기회 주기 |

2. [적용] 준비 내용을 토대로 진정 훈육 시뮬레이션을 적어 보세요.

---

**훈육 시뮬레이션 작성법**

1. 아이가 진정하지 못할 때 보낼 메시지를 적어 보세요.
2. 아이가 보일 반응을 예측하며 어떻게 반응할지 적어 보세요.
3. 아이가 메시지를 따르는 순간까지 어떻게 반응할지 같은 방식으로 적어 보세요.

### 대장 행동

조금만 마음에 들지 않아도 하루 종일 징징거린다.
(특히, 아빠가 엄마 대신 양치해 주거나 옷 갈아입혀 주면 엄마가 해 줘야 하는데 아빠가 해 준다며 더 짜증 내요.)

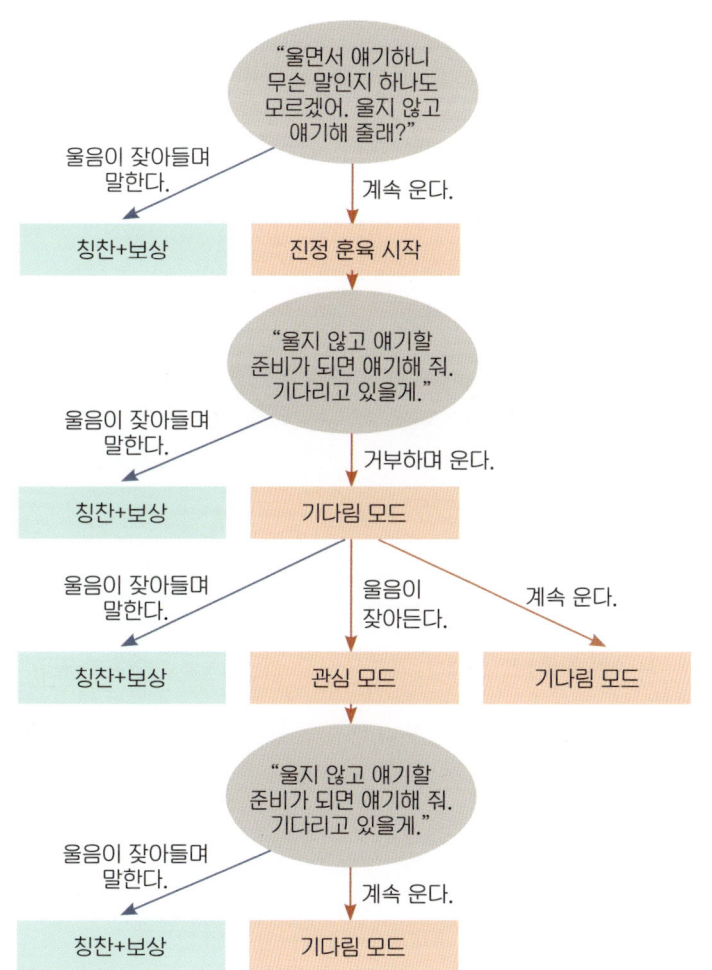

3. [경과] 훈육 시작 시점부터 진정하여 칭찬과 보상을 받는 순간까지의 시간을 기록해 주세요.

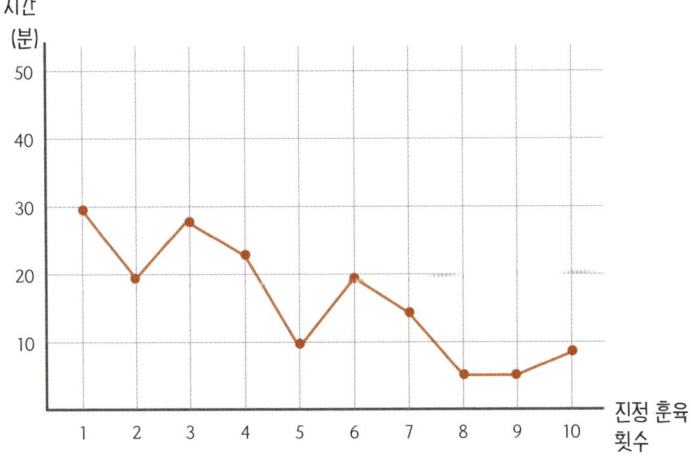

(진정 시간이 1분 내외로 5회 이상 연속되면 기록을 중단해 주세요.)

**STEP 5**

## 가르치는 훈육하기

**훈육 캡슐**은
가르치는 훈육에서 꼭 짚어서 처방해야 할
3가지 **인식, 동기, 저항력**을 말합니다.

### 1. 인식
엄마가 뭘 가르치려고 하는지 아이가 **인식**할 수 있어야 합니다.
만약 이것이 없으면 엄마의 훈육은
**시끄러운 잔소리**로 끝나 버리고 맙니다.

### 2. 동기
아이는 자신이 좋아하는 것을 포기하며
왜 따라야 하는지 이유와 필요성은 모를 수 있습니다.
엄마의 말을 들어야 하는 **동기**를 만들어 줘야 합니다.

### 3. 저항력
아이는 간절한 욕구를 이겨 낼 **저항력**이 없어 '알면서 부리는 고집'으로
규칙과 원칙을 지키지 않으려 버틸 수 있습니다.
아이 스스로 자신의 감정을 조절해서
중요한 가치를 지켜 내는 경험을 누적시켜
**저항력**을 키우도록 해야 합니다.

## 절편이 가르치는 훈육하기

절편이가 소통이 되지 않는 아이일 경우를 가정하여 가르치는 훈육을 해 봅니다.

### 첫째, 준비하기

**1. [인식] 우리 아이에게 가르쳐 주고자 하는 원칙은 무엇인가요?**

> 엄마가 바쁠 땐 아빠의 도움도 받아야 해요.

**2. [동기] 엄마의 가르침을 수용했을 때, 아이가 얻게 되는 득은 무엇인가요?**

> 옷 입기나 양치를 빨리 끝내고 신나게 놀 수 있어요.

**3-1. [저항] 엄마의 메시지를 듣고 아이는 어떤 반응을 보이나요?**

> 그래도 엄마랑만 양치할 거라고,
> 아빠 밉다고, 저리 가라고 소리질러요.

**3-2. [저항] 이때 엄마가 아이에게 쓸 수 있는 방법은 무엇인가요?**

> 반응 가로막기 / 당기기 대화 / 맛있는 원칙 /⟨양자택일법⟩/ 기타

## 둘째, 적용하기

### 가르치는 훈육 시뮬레이션을 작성해 보세요.

> **대장 행동**
>
> 조금만 마음에 들지 않아도 하루 종일 징징거린다.
> (특히, 아빠가 엄마 대신 양치해 주거나 옷 갈아입혀 주면 엄마가 해 줘야 하는데 아빠가 해 준다며 더 짜증 내요.)

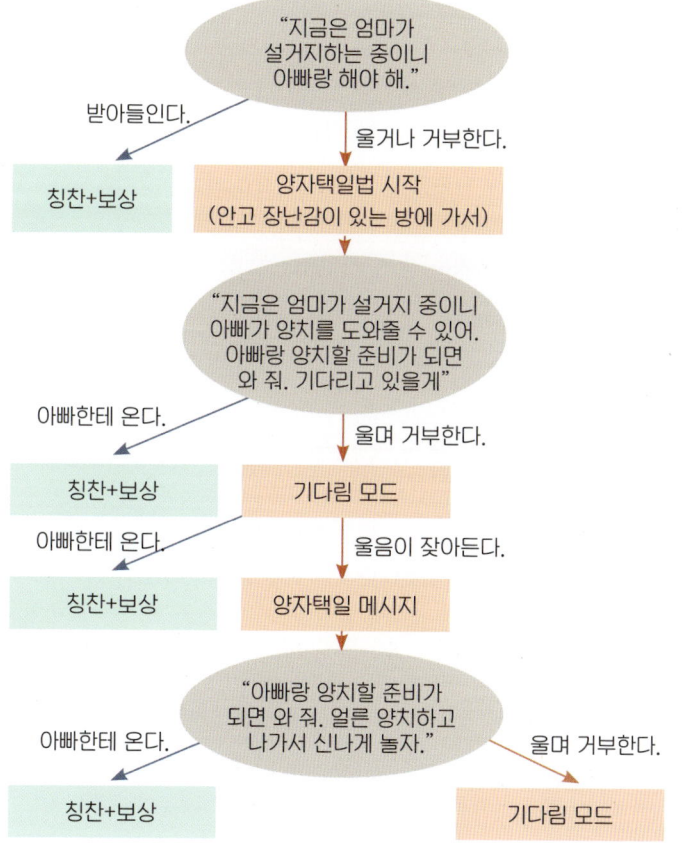

## 셋째, 점검하기

훈육 후, 다음을 점검해 보세요.
내 훈육에서 무엇이 더 필요한지 확인할 수 있어요.

---

**[인식]**
아이는 엄마가 무엇을 가르쳐 주려고 하는지 알고 있나요?

① 전혀 몰라요 - ② 잘 몰라요 - ③ 아는 듯해요 - ④ 알고 있어요 - ⑤ 잘 알아요

---

**[동기]**
엄마의 가르침을 수용했을 때 아이가 얻게 되는 득이 있나요?

① 전혀 없어요 - ② 별로 없어요 - ③ 보통이요 - ④ 있어요 - ⑤ 매우 있어요

---

**[저항]**
아이의 저항을 흔들림 없이 견디며 원칙을 지켜 냈나요?

① 완전 흔들렸어요 - ② 약간 흔들렸어요 - ③ 보통이요 -
④ 원칙을 지켰어요 - ⑤ 매우 잘 지켰어요

---

1번 쪽으로 갈수록 훈육 성공율이 낮고,
5번 쪽으로 갈수록 훈육 성공율이 높아요.

영국 런던대학교의 필리파 랠리 교수 연구에 의하면, 인간의 어떤 행동이 습관으로 잡히려면 평균 66회에 걸쳐 반복되어야 한다고 해요. 두 달 프로젝트로 계획해 주세요.

찹쌀떡가루의 떡육아

# 내 아이에게 적용해 보기

앞에서 배운 훈육 방법에
그대로 내 아이의 문제 행동을 대입해 체크해 보세요.
내 아이를 어떻게 다루어야 할지 한눈에 알 수 있습니다.

# 내 아이 행동 훈육 거름망에 거르기

자녀의 문제 행동을 거름망에 차트에 넣어 걸러 보세요.

이름, 나이

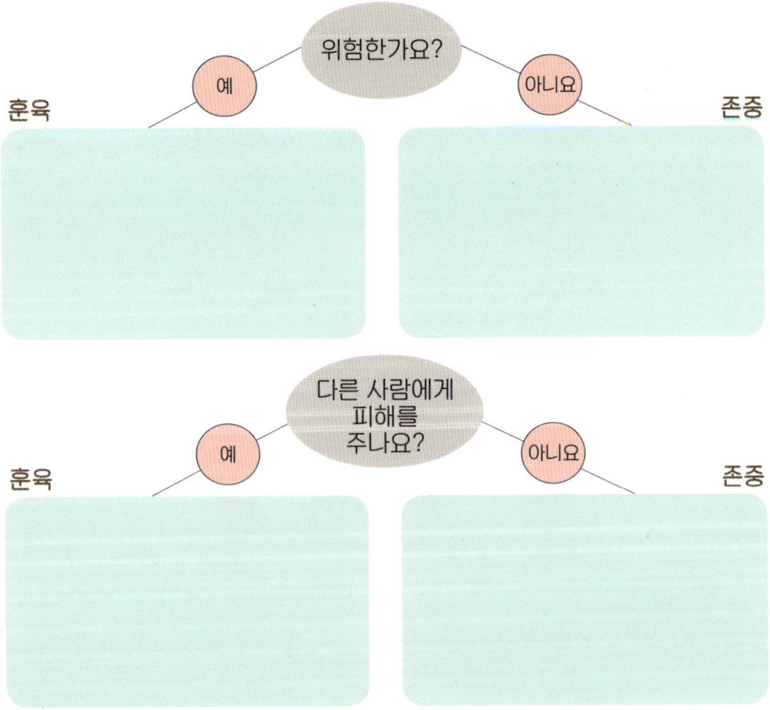

위험한가요?

예 — 훈육　　　아니요 — 존중

다른 사람에게 피해를 주나요?

예 — 훈육　　　아니요 — 존중

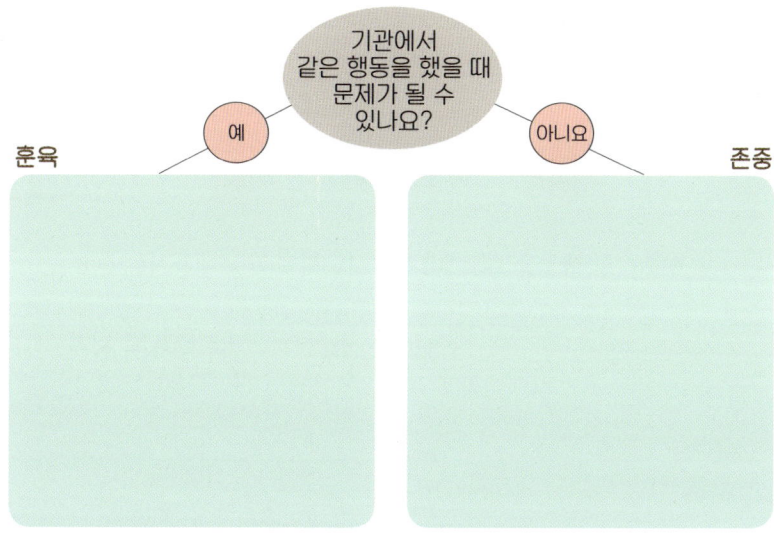

**훈육 거름망을 통해 걸러진 훈육해야 할 행동과 존중해야 할 행동**

훈육해야 할 행동

존중해야 할 행동

## 내 아이 대장 행동 찾기

훈육해야 할 행동을 적고 3가지 우선순위에 알맞게 표시합니다.

| 고민 | 엄마와 | 집에서 | 자주 일어나는 순서 |
|---|---|---|---|
|  |  |  |  |
|  |  |  |  |
|  |  |  |  |
|  |  |  |  |

| 대장 행동 | |
|---|---|
| | |

| 졸병 행동 | |
|---|---|
| | |

# 내 아이 훈육 매칭하기

대장 행동을 적고 훈육 매칭에 체크하여 어떤 훈육이 알맞은지 알아보세요.

**대장 행동**

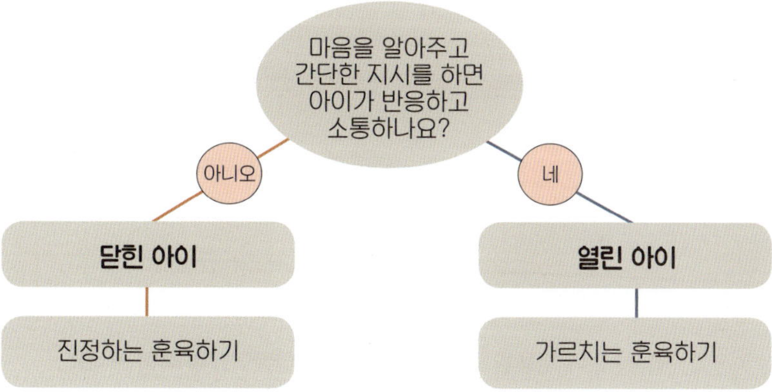

마음을 알아주고 간단한 지시를 하면 아이가 반응하고 소통하나요?

- 아니오 → **닫힌 아이** → 진정하는 훈육하기
- 네 → **열린 아이** → 가르치는 훈육하기

여러분의 자녀는 어떤 훈육을 해야 하는 아이인가요?

# 내 아이 진정 훈육하기

내 아이가 진정 훈육이 필요한 아이라면, 준비부터 시작해 보세요.

1. [준비] 진정 훈육 시, 필요한 사항을 아래 카드 안에 넣으세요.

2. [적용] 준비 내용을 토대로 진정 훈육 시뮬레이션을 적어 보세요.

**훈육 시뮬레이션 작성법**

1. 아이가 진정하지 못할 때 보낼 메시지를 적어 보세요.
2. 아이가 보일 반응을 예측하며 어떻게 반응할지 적어 보세요.
3. 아이가 메시지를 따르는 순간까지 어떻게 반응할지 같은 방식으로 적어 보세요.

## 대장 행동

3. [경과] 훈육 시작 시점부터 진정하여 칭찬과 보상을 받는 순간까지의 시간을 기록해 주세요.

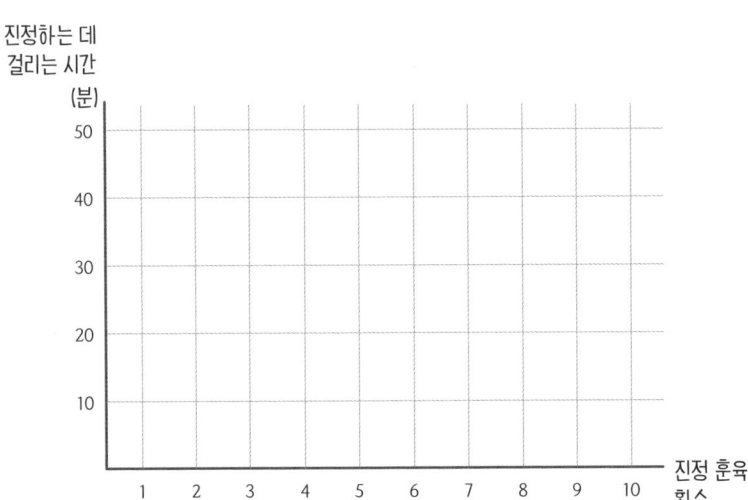

(진정 시간이 1분 내외로 5회 이상 연속되면 기록을 중단해 주세요.)

## 내 아이 가르치는 훈육하기

내 아이가 가르치는 훈육이 필요한 아이라면, 첫째 준비하기부터 시작해 보세요.

### 첫째, 준비하기

1. [인식] 우리 아이에게 가르쳐 주고자 하는 원칙은 무엇인가요?

2. [동기] 엄마의 가르침을 수용했을 때, 아이가 얻게 되는 득은 무엇인가요?

3-1. [저항] 엄마의 메시지를 듣고 아이는 어떤 반응을 보이나요?

3-2. [저항] 이때 엄마가 아이에게 쓸 수 있는 방법은 무엇인가요?

반응 가로막기 / 당기기 대화 / 맛있는 원칙 / 양자택일법 / 기타

## 둘째, 적용하기

**여러분의 답변을 통해서 훈육 시뮬레이션을 작성해 보세요.**

### 훈육 시뮬레이션 작성법

1. 아이가 진정하지 못하는 순간 보낼 메시지를 적어 보세요.
2. 아이가 보일 반응을 예측하며 어떻게 반응할지 적어 보세요.
3. 아이가 메시지를 따르는 순간까지 어떻게 반응할지 같은 방식으로 적어 보세요.

**대장 행동**

## 셋째, 점검하기

**훈육 후, 다음을 점검해 보세요.
내 훈육에서 무엇이 더 필요한지 확인할 수 있어요.**

### [인식]
아이는 엄마가 무엇을 가르쳐 주려고 하는지 알고 있나요?

① 전혀 몰라요 - ② 잘 몰라요 - ③ 아는 듯해요 - ④ 알고 있어요 - ⑤ 잘 알아요

### [동기]
엄마의 가르침을 수용했을 때 아이가 얻게 되는 득이 있나요?

① 전혀 없어요 - ② 별로 없어요 - ③ 보통이요 - ④ 있어요 - ⑤ 매우 있어요

### [저항]
아이의 저항을 흔들림 없이 견디며 원칙을 지켜 냈나요?

① 완전 흔들렸어요 - ② 약간 흔들렸어요 - ③ 보통이요 -
④ 원칙을 지켰어요 - ⑤ 매우 잘 지켰어요

1번 쪽으로 갈수록 훈육 성공율이 낮고,
5번 쪽으로 갈수록 훈육 성공율이 높아요.

<아이의 때 거부 고집을 다.루.다>의
다.루.다.에는
아이는 물론 엄마 자신을 '다루는' 일도 포함됩니다.

이 책이 막막하고 버거운 육아를 시원하게 해결해 주는데
큰 역할을 해 줄 것을 믿고 바라며
아이를 다루는 것만큼 엄마 자신을 다루는 일도
중요하다는 것을 알아가길 바랍니다.

## 육아, 나만 이렇게 힘든가요?

수많은 육아맘에게 입증된 찹쌀떡가루의
놀라운 육아 솔루션

**SBS 〈우리 아이가 달라졌어요〉 육아 상담 전문가이자
15만 독자의 네이버 파워블로거 정유진과 함께하는
기적의 훈육 레시피북!**

두 아이를 키우며 겪은 육아의 고민과 갈등,
현장에서 발로 뛰며 얻은 다양한 경험들이 고스란히 담긴
Know how가 펼쳐집니다.

정가 15,800원
ISBN 979-11-966307-0-6